JN410623

가난한 새의 날갯짓

이철재 산문집

가난한 새의 날갯짓

초판 1쇄 인쇄 • 2019년 09월 01일
지은이 • 이철재
펴낸이 • 이승훈
펴낸곳 • 해드림출판사
주 소 • 서울 영등포구 경인로82길 3-4(문래동1가 39)
센터플러스빌딩 1004호(우편07371)
전 화 • 02-2612-5552
팩 스 • 02-2688-5568
E-mail • jlee5059@hanmail.net

등록번호 • 제2013-000076
등록일자 • 2008년 9월 29일

* 책값은 표지에 있습니다
* 잘못된 책은 바꿔드립니다

ISBN 979-11-5634-358-5

가난한
새의
날갯짓
이철재 산문집
해드림출판사

프롤로그

우리 모두 행복할 수 있는 세상

글을 쓴다는 것은 참으로 어렵게 느껴집니다. 특히 자신의 글을 여러 사람과 공유한다는 것은 부담스럽기 그지없습니다.

필자는 시골에서 살면서 10여 년 전부터 마음을 다듬을 수 있는 맑은 글, 따뜻한 글들을 지인들에게 SNS를 통해 '아침 인사'라는 제목으로 보내고 있습니다. 매일 올리는 짧은 글이지만 '댓글'을 통해 많은 사람들에게 용기와 위안이 될 수 있다는 사실을 알게 되면서 지금은 그것이 제가 꼭. 해야 할 일상이 되었습니다.

몇 년 전부터는 '고향(인성) 지킴이 이철재의 생각'이라는 제목으로 인간의 본성을 찾아가자는 뜻에서 3,000여 편의 인사 글을 나눴습니다.

그러다 올해 봄 서울에서 신문사를 운영하는 학사장교 선배님께서 광양·여수·순천 지역을 여행하게 되어 이틀간 함께하게 되었습니다. 선배님과 뜻 깊은 시간을 보낸 이후부터 꾸준히 '아침 인사' 글을 보내드렸습니다. 그 후 선배님께서 "좋은 글

잘 읽고 있다."라는 말씀을 하며 책으로 출간할 것을 추천해주셨고, 직접 '해드림출판사'를 연결해 준 덕분에 이렇게 산문집을 출간하게 되었습니다.

글 쓰는 방법을 전문적으로 공부한 적도 없고, 맞춤법도 종종 틀리는 사람이 이렇게 책을 낸다고 하니 조심스럽기 그지없습니다. 부족한 글이지만 읽어보시고 부족한 점을 메모하여 좋은 책을 쓰게 하는 '반면교사(反面教師)'의 도구라도 되었으면 하고 용기를 냅니다.

책 제목은 '가난한 새의 날갯짓'으로 어려운 여건에서도 굴하지 않고 열심히 살아가는 독자에게 작은 희망과 용기를 주고 싶었고, 일곱 개의 키워드를 통해 내용을 엮어 봤습니다. 매사에 '감사'하며 살아가자, 모든 것을 '사랑'으로 포용하고, 무엇보다 우선해서 '인간관계'를 중시하며, 어떠한 힘든 일이 있어도 굴하지 말고 헤쳐 나가야 하는 것이 우리의 '인생'이라는 것입니다.

저는 홀어머님의 고생하는 모습을 보며 좀 더 살기 좋은 세상을 만들기 위해 '정치'를 꿈꾸었습니다. 이 책은 우리 모두가 '행복'할 수 있는 세상을 위해 '희망'을 찾아 떠나는 작은 바람의 이야기입니다.

부족한 글이지만 진솔한 마음으로 받아주시고, 각 장의 주제에 대해 잠시 잠깐이라도 진지하게 생각하여 우리 사회에 전반적으로 누적되어 있는 피로와 걱정이 조금이라도 줄어들었으면 하는 소소한 바람을 가져봅니다.

이 자리를 빌려 처음 출간에 도움을 주신 강남신문사 류상룡 대표님과 기꺼이 출판을 감당해 주신 해드림출판사 이승훈 대표님께 깊이 감사드립니다.

독자들에게 나(Me)의 행복, 우리(We)의 행복을 찾아가는데 이 책이 조그마한 보탬이라도 되었으면 좋겠습니다.

2019년 8월

이철재

차례

Thank you

2. 사랑은 매력 자본

3. 좋아서 좋은 사람

4. 인생을 찾아서

5. 나라를 사랑하는 마음

6. 행복 찾아가기

그대 내게 행복을 주는 사람

7. 될 성싶은 미래

1 감사하며 살아가기

FOLLOW •••

♥ 0000 likes

#따뜻한 마음을 가진 사람 #남몰래 주는 일 #다정한 말에는 향기가 난다
#독선기신(獨善其身) #등 돌리고 살지 말자 #감사하며 살아갑니다
#마음 내려놓기 #마음의 여백 #말의 중요성 #맹인의 등불
#목숨을 건 신뢰(信賴) #배려(配慮)와 균형(均衡) #스스로 돌아보며
#유능제강(柔能制剛) #일상 속의 감사 #좋은 마음가짐
#진정 아름다운 것 #특별한 날

따뜻한 마음을 가진 사람

우리는 끝없는 경쟁과 대립 속에서 자신의 성공만을 위해 주야장천 살아가고 있습니다. 마땅히 사람으로서 가져야 할 '인성'이 무너진 험난한 세상이 되어가고 있습니다.

사람과 짐승이 다른 점은 사고하는 능력과 양심, 부끄러워할 줄 아는 선한 마음이 있었기 때문이 아닌가 생각합니다.

그러나 많은 지식층이 자신만을 위한 사악한 마음으로 살아가고 있으니 인간성이 무너진 사악한 세상이 되어가고 있습니다.

"형제 간의 우애도, 친구 간의 우정도 권력이나 돈 앞에서는 무너지고, 사람이 갖춰야 할 기본적인 도리마저도 망각해 버리는 '무너진 사랑 탑' 되었습니다."

영리한 머리로만 살아가는 사람들이 돈과 명예, 권력을 움켜

쥐고 있습니다. 그래서 우리 사회는 물질만능주의(物質萬能主義)로 흘러가고 있습니다. 생활은 조금 풍요로워졌다지만 인간성은 무너지고 마음은 더 궁핍 해졌습니다.

이제 '사람들이 함께 행복할 수 있는 세상.' 인성을 회복하여 '착한 마음을 가진 사람들이 존중받는 세상'을 만들어가야 합니다.

필자는 수년부터 '고향(인성) 지킴이 이철재의 생각.'이라는 글을 올려왔습니다. 그 고향(인성)은 본 고향(어디서 왔는지, 어디로 가는지도 모르지만)의 선(善)한 마음을 갖고, 인간의 본성(人性)을 지키고 찾아가는 여정이 되기를 바라며 글을 올려왔습니다.

우리의 삶의 가치가 진정 무엇인지 알고, 이성과 양심, 배려와 존중을 실천하며 사람 살아가는 세상, 진실하고 정직하게 살아가는 사람이 인정받는 좋은 세상을 만들어 갔으면 합니다. "역사는 꿈꾸는 자의 몫이라 했습니다."

오늘 날씨는 구름 많고 어제보다는 조금 더 따뜻한 날씨가 된다고 하네요. 그래도 아직은 상당히 추워요. 동토의 마음을 녹일 수 있는 따뜻한 마음으로 무장하고 어떠한 추위를 떨쳐내며 살아갔으면 좋겠습니다.

남몰래 주는 일

다른 사람에게 은혜를 베푸는 일은 그것을 받는 사람이 아니라 오히려 스스로에게 무한한 기쁨과 보람을 느끼게 한다.

더욱이 생색을 내지 않고, 남몰래, 본인 자신도 모르게 남에게 주는 일은 받는 사람보다 주는 사람에게 더 큰 기쁨을 안겨준다.

-윤준호의 『변화하는 시대의 지혜』 중에서-

남몰래 주는 일은 결코 쉬운 일이 아니라고 생각됩니다.

성경의 마태복음에 '오른손이 하는 일을 왼손이 모르게 하라'의 진정한 의미는 '너에게 선한 행위가 나온다면 그것은 네 것이 아님을 알라' 즉, 아무런 조건 없이 준다는 뜻이라고 생각합니다.

그 어떤 계산이나, 뒤에 돌아올 보상 따위를 생각하지 않고, 오로지 선의와 사랑의 측은지심으로 돕는다는 뜻이지요.

그 고결한 뜻에 하늘이 감동하고, 하늘이 움직입니다.

남몰래 주는 일은 사람이 하고, 그 은혜는 우리 몰래 하늘이 내린다고 합니다.

'아낌없이 주는 나무'는 살아서는 산소를 생성해 주고, 죽어서는 땔감으로, 타고 남은 재는 다시 식물의 자양분으로. 그렇게 다시 자연으로 돌아갑니다.

우리는 어떤 모습으로 이곳에 머무르고 있습니까?

나는 무엇을 위해 이곳에 왔을까요?

나의 '존재의 이유'에 대해 생각하고, 고뇌하는 마음으로 살아가야지 하는 마음을 가져봅니다.

저녁에는 하염없이 빗줄기를 뿌리더니, 맑고 상쾌한 아침이 밝았네요. 낮에는 파란 가을 하늘을 볼 수 있을지 모르겠네요.

다정한 말에는 향기가 난다

'잘했다, 고맙다, 예쁘구나, 아름답다, 좋아한다, 사랑한다, 보고 싶다, 기다린다, 믿는다, 기대한다, 반갑구나, 건강해라.'

우리 인생에 도움이 되는 말은 의외로 소박합니다.

너무 흔해서 인사치레가 되기 쉽지만, 진심을 담은 말은 가슴으로 느껴지게 됩니다.

말의 향기는 더불어 사는 세상을 만듭니다.
마치 파도가 바람에 의해 일어나는 것처럼 말 역시 뜻에 따라 오는 것이라 생각합니다.

말을 곱고 아름답게 잘 만들어가야 자신과 이 사회가 맑아지고 밝아진다고 생각됩니다.

'괜찮다, 잘 될 거야, 힘내, 좋은 일 있을 거야. 걱정 마라.'

위로의 말은 칭찬받는 아이처럼 금세 기분이 좋아지고 은은하게 향기를 띄웁니다.

이런 말, 희망의 말, 초록의 말을 건네세요.

말은 개인의 생각을 드러내는 수단인 동시에 사회현상을 만들어내고 표현하는 번영의 도구입니다.

언제나 평온한 마음을 갖고 뜻을 순화해서 거칠고 험한 말이 나오지 않도록 한다면 누군가의 가슴속에 온종일 꽃향기가 피어납니다.

그렇게 당신이 누군가에게 좋은 기분을 책임지는 정원사가 되는 것입니다.

독선기신(獨善其身)

독선기신(獨善其身)이란 '홀로 자기 한 몸의 善(선)만을 꾀하다.'라는 뜻입니다.

우리가 살아가면서 홀로 처지가 딱하고 외롭게 되었을 때 어떤 행동을 하게 될까요?

군자는 혼자 있을 때 삼가고, 소인배는 한가할 때 착하지 못한 일을 저지른다고(小人閒居爲不善/ 소인한거위불선) 했습니다.

대학(大學)에 나오는 글귀에는 보이지 않는 곳에서 삼가고, 들리지 않는 곳에서 두려워해야 군자라고 중용(中庸)에서도 가르치고 있습니다.

'홀로 있을 때 도리에 어그러짐이 없도록 몸가짐을 바로 하고 언행을 삼간다.'

다산 정약용 선생의 쪽방 '사의재(四宜齋)'에서는 '네 가지를 마땅히 해야 할 방'이라고 하였습니다.

그 주막집 쪽방에서도 '맑은 마음, 엄숙한 용모, 과묵한 말씨, 신중한 행동'을 실천하겠다는 뜻이지요?

혼자 머무르는 쪽방에서도 심의언행(心衣言行)을 마땅히 가져가겠다는 의지를 담고 있다고 생각합니다.

맹자(孟子)는 같은 맥락으로 홀로 어렵게 되었을 때 대의를 지켜야 하고, 인생을 살아가는 데 있어서 남이 나를 어떻게 생각하든 자족하며 살아가야 한다고 하였습니다.

선비는 덕(德)을 존중하고 의리를 즐겁게 여기면, 곤궁에 초연할 수 있어야 하고, 어려운 상황에 처해도 의(義)를 잃지 않고, 출세해서도 도(道)를 떠나지 않아야 한다는 것이지요.

우리의 현실은 살아가는데 좌절과 실패, 일이 잘 안 풀릴 때와 곤궁에 맞닥치면 성인처럼 몸을 닦기가 어려운 것이 사실입니다.

요즘 세태가 남이야 형편이 궁하든 말든 나 몰라라 하고, 자기

한 몸의 편안함을 추구하며 살아가는 것이 현실이지만, 혼자 있을 때나 아무도 보지 않는 시공간에서도 스스로 부끄럽지 않은 시간을 보내야 한다는 가르침을 주는 것 같습니다.

그래도 '독선기신(獨善其身)'은 '혼자 있을 때 좋은 생각과 행동을 하려고 노력하고, 자신만을 위한 삶을 살아가기보다는 주위를 돌아보며 살아가야 한다.'는 교훈을 줍니다.

오늘도 좋은 마음으로 상대를 '배려'하고 '이해'하며, 좀 더 가치 있고, 의미 있는 삶을 지향하며, 심신의 걸음걸이 되시기를 기원합니다.

등 돌리고 살지 말자

세상 살면서

어지간한 일로는 등 돌리고 살지 말라.
세상을 한 바퀴 온전히 돌아야만
비로소 그의 얼굴을 마주 볼 수 있느니.

–박정호 외 『으악. 하고, 꽃이 핀다』에 실린 신양란의 시 '세상 살면서' 전문 –

등 돌리고 돌아서면 다시는 안 볼 것 같아도 그렇지 않습니다.

다시는 안 보겠지 하지만, 외나무다리에서 다시 만나게 됩니다.

참. 질긴 것이 사람의 인연입니다.

또 볼일 없겠지 하고 돌아섰지만, 분명 다른 인연으로 다시 만나게 됩니다.

한두 다리만 걸치면 또 다른 인연으로 다가오니 말입니다.

"세상 넓다지만 참으로 좁습니다."

얼마 전 '한미동맹 협의회' 행사가 있어 서울 평창동에 갔습니다.

지하철역에 내려 주위를 두리번거리고 있는데 어디선가 "고모부"하고 부르는 소리가 들렸습니다. 오랫동안 보지 못했던 처조카가 옆에 서있었습니다.

세상 살면서 사람과 척지고 사는 것은 불행이고, 사람과 등 돌리고 사는 것은 고통입니다. '오는 인연을 막을 수도 없고, 가는 인연 잡을 수도 없다고 합니다.'

예고 없이 오는 인연도 속절없이 가는 인연에도 등 돌리지 말고 좋은 마음으로 맞이하고 보내드려야 합니다.

오늘은 소낙비가 내리는 곳도 있다고 하네요. 우리 지역에도 강판 지붕에 요란한 소리를 내며 시원하게 뿌려주는 소낙비를 기원해 봅니다.

감사하며 살아갑니다

물고기는 절대로 물과 다투지 않는다고 합니다.

물이 조금 차가우면 차가운 대로, 물이 조금 따뜻하면 따뜻한 대로, 물살이 조금 빠르면 빠른 대로 물과 같이 어울려 살아갑니다.

물고기는 자신이 물과 함께 있는 것만으로도 감사하고 고맙기 때문입니다.

산에 있는 나무는 절대로 산과 다투지 않는다고 합니다.

자신의 자리가 좁으면 좁은 대로, 자신의 주위가 시끄러우면 시끄러운 대로, 큰 나무들이 있으면 있는 대로, 햇볕이 덜 들면 덜 드는 대로, 처지에 맞추며 살아갑니다.

나무는 자신이 산에서 어울려 사는 것만으로도 감사하고 고맙기 때문입니다.

해님은 구름과 절대로 다투지 않는다고 합니다.

구름이 자신의 얼굴을 가리면서 잘난 척을 해도 조용히 참고 기다렸다가 찡그렸던 하늘을 더 파랗고 맑게 해줍니다.

구름이 비를 몰고 와서 모두를 적셔버려도 바람과 함께 불평하지 않고 말려줍니다.

해님은 자신의 할 일이 있는 것만으로도 감사하고 고맙기 때문입니다.

-인터넷 글 옮김-

우리 인간은 이기적인 마음을 지니고 있습니다.

'모든 것이 우리 것이 되기를 원하고, 우리 것보다 내 것이 되기를 바라고, 내 것이 이 세상에서 유일하기를 바라고 살아갑니다.' 그러나 혼자만이 행복해질 수는 없습니다.

자신의 욕심으로 타인을 해치면서까지 욕심을 채워가지만 결국에 자신의 삶 자체가 파괴되는 어리석음을 범하기도 합니다.

누가 '재물과 명예'를 다 가졌다고 해도 혼자서만은 행복할 수 없습니다.

더불어 나누고 감사하며 살아가야 우리 모두가 행복하게 살아갈 수 있습니다.

어제가 잊어버린 나라를 되찾기 위해 온 국민이 떨치고 일어난 3·1절 제100주년이 되는 날이었습니다. 이 또한 양반, 노비, 남녀노소 가리지 않고 온 국민이 함께 떨치고 일어나서 3·1만세 운동이 성공하게 되었습니다.

아픈 역사를 되돌아보며, 역사로부터 배우지 못하는 민족은 그 치욕적인 역사를 되풀이한다고 합니다.

오늘 하루도 깨어 있음에 내일이 있고, 공기가 있음에 숨을 쉬고, 조국이 있음에 할 일이 있다는 것에 감사하며 살아가겠습니다.

마음 내려놓기

누구나 모든 일에서 완벽할 수는 없다고 생각합니다.

어느 누구도 완벽한 관계라든가 완벽한 사랑 법을 알고 있다고 단정할 수는 없습니다.

제각각 나름대로 부족함에 대한 한계도 인정하고, 실패도 수용할 수 있어야 한다고 생각합니다.

우리 인간은 완벽하지 않고 부족한 사람들이기 때문에 서로 기대고 서로 채워주며 살아가야 합니다. 완벽한 사랑이 아니기 때문에 더 깊이 품어주고, 더 오래 기다리고, 가려주고 덮어줍니다.

누구에게나 고달픈 삶이라 여겨집니다. 여러 번의 실패는 다른 성공의 시작 이라고 믿으며, 한계를 알고 절망하지 않고, 더 큰 용기로 도전합니다.

누구에게나 이 세상은 녹록하지 않은 걸 몸으로 절절히 느끼고 있습니다. 지위가 높은 사람도 세상이 무너진 듯 눈물 흘릴 때가 있고, 많은 걸 소유하고 드높은 명예를 얻었다 해도 걱정 없이 사는 사람은 아무도 없습니다.

높이 올라 갈수록 더 거센 비바람과 맞서야 하고, 많이 가질수록 감당해야 할 무게가 더 커진다는 것입니다.

우리의 인생길. '오십보백보(五十步百步)'라고 합니다. 누가 더 마음을 비우느냐, 누가 더 마음을 여느냐 하는 차이에서 행복은 시작됩니다.

그에 따라 마음에 감옥을 짓기도 하고, 허물기도 하며, 험한 세상을 살다 보면 아플 때도 있고, 눈물 흘릴 때도 있습니다.

"이 또한 지나가리라(This, too, shall pass away)"

기쁠 때는 교만하지 않게 하고 절망에 빠지고 시련에 처했을 때 용기를 줄 수 있는 말입니다. 포기해 버리지 않고 버티기만 해도 이기는 것이고, 마음을 조금만 내려놓으면 아픔도 슬픔도 그냥 지나갑니다.

한 장 남은 달력이 '마지막 잎사귀'처럼 달랑거리고 있네요.

올 한해도 아쉬움으로 마음을 내려놓고 희망의 새해를 기약해 보렵니다.

마음의 여백

며칠간 봄비가 촉촉이 내렸습니다. '봄비 속에 떠난 사람 봄비 맞으며 돌아왔네.' 이 노래 가사를 떠오르네요.

어느 누가 '사랑의 체험은 남의 말을 듣기 위해 필요하고, 고통의 체험은 그 말의 깊이를 느끼기 위해 필요하다.'라고 했습니다.

한 곡의 노래 가사가 심금을 울리기 위해서도 우리 마음속엔 그 노래를 받아들일 수 있는 정제된 여유 공간이 있어야 합니다.

욕심과 질투, 이기심 같은 것으로 꽉 채워져 있는 마음속에는 아름다운 음률을 느낄 수 있는 공간이 없다는 것이지요.

주위를 가만히 살펴보세요.

음악을 싫어하는 사람치고 마음에 여유가 있는 사람이 얼마나 되는지… 아무리 아름다운 음악이라도 마음에 여유가 없는 사람에게는 그저 소음으로 느껴지게 됩니다.

마찬가지로 고통의 체험이 없는 사람도, 마음속에 무엇인가를 채울 수 있는 아량과 깊이가 부족하게 마련입니다.

'고통은 인간을 성숙하게 하고, 겸허하게 자신을 비우게 하니까요.'

마음속에 빈 곳이 없는 사람에겐 어떤 '감동적인 시', 어떤 '아름다운 음악'도 울림을 줄 수 없습니다.

마음의 여백이 없는 삭막하게 살아가는 사람일수록 자신이 잘난 줄 착각하고, 용서와 화해에 인색합니다.

때때로 마음을 비우고 여백을 만들며, 조금은 여유를 갖고 살아가야 할 것 같습니다.

'욕심은 화를 부르고, 화는 병을 부르고, 병은 인생의 종말을

부른다.'

필자의 철학입니다.

이제 온 산야에 완연한 봄이 내려앉으려나 봅니다.

말의 중요성

봄비 그치는 집 앞뜰에는 천리향 향기 은은하고, 꽃들은 봄기운 머금고 파릇파릇 일상의 날갯짓을 합니다.

우리는 흔히 살아가면서 말의 중요성에 대해서 이야기합니다. '칼에 베인 상처보다 말에 베인 상처가 오래 간다.'라고 합니다.

'말 한마디로 천 냥 빚을 갚는다.', '말이 씨가 된다.', '발 없는 말이 천 리 간다.' 등의 속담도 말의 중요성을 일깨우며 '좋은 말'을 쓰는 것을 강조하고 있습니다.

'가는 말이 고와야 오는 말이 곱다.' '언행일치(言行一致)'하라고도 합니다.

"습관은 제2의 천성이다."라고 말합니다. 그래서 평상시 말하는 습관이 중요하다고 생각합니다.

흔히들, 언어가 거친 사람은 분노를 안고 사는 사람이라고 하고, 과장되게 이야기하기를 좋아하는 사람은 마음이 궁핍하기 때문이고, 자랑을 늘어놓기 좋아하는 사람은 그 마음에 안정감이 약하기 때문이고, 음란한 이야기를 좋아하는 사람은 그 마음이 청결하지 못하기 때문이라고 합니다.

항상 비판적인 말을 하는 사람은 그 마음에 비통함이 있기 때문이고, 다른 사람을 헐뜯는 사람은 그 마음이 열등감에 사로잡혀 있기 때문이고, 다른 사람 말을 듣지 않고 자기 말만 하려는 사람은 그 마음이 조급하기 때문이라고 합니다.

반면에 항상 다른 사람을 격려하는 사람은 자신의 마음이 행복하기 때문이고, 부드럽게 말하는 사람은 그 마음이 안정적이기 때문이고, 진실하게 이야기하는 사람은 그 마음이 담대하기 때문이고, 사랑이 많은 사람은 위로의 말을 내어줍니다.

우리가 대화할 때는 언제나 상대를 인정하고 경청해야 합니다.

혼자서 대화를 독점하지 않아야 하고, 상대방의 말을 가로채지 않아야 하며, 이야기를 가로막지 않고, 의견이 다르더라도 일단 수용하는 습관을 지녀야 한다고 합니다.

논쟁에서는 먼저 상대방의 주장을 들어주고, 시선(Eye-Contact)을 맞추고, 귀로만 듣지 말고, 오감을 동원해 적극적인 경청을 해야 합니다.

적극적인 경청을 위해서는 비판적, 충고적인 태도를 버리고, 상대방이 말하는 의미를 이해하고, 단어 이외의 보이는 표현에도 신경을 쓰며, 상대방이 말하는 동안 경청하고 있다는 것을 표현하며, 대화 시 흥분하지 않아야 한다고 합니다.

겸손한 사람이 과장하지 않고 사실을 말합니다.

마음이 여유로운 사람은 말하기에 앞서 다른 사람의 말을 잘 듣는다고 하네요.

오늘은 사랑의 말, 평화의 말, 행복과 위로가 되는 말을 많이 하는 행복한 하루를 보냈으면 좋겠습니다.

맹인의 등불

맹인 한 사람이 머리에 물동이를 이고 손에 등불을 든 채 걸어오고 있습니다.

마주 오던 한 사람이 물어보았습니다.
'앞을 볼 수 없는데 등불을 왜 들고 다닙니까.'
맹인이 대답했습니다.
'당신이 제게 부딪히지 않기 위해서요.'

이 등불은 내가 아닌 당신을 위한 것입니다.

일본의 부모들은 자녀에게 어느 장소에서든 남에게 폐를 끼치는 행동을 하지 말라며 훈계하고, 미국의 부모들은 자녀에게 남에게 양보하라고 가르친다고 합니다.

그에 반해 우리나라의 부모들은 자녀에게 절대 남에게 지지 말라고 가르친다고 합니다.

우리에게 왜 배려와 겸손이 쉽게 자리를 잡지 못하는가를 알려주는 이야기가 아닌가 생각됩니다.

*익숙한 내용이지만 뜻을 새기며 읽어보세요.

「욕심」은 부릴수록 더 부풀고
「미움」은 가질수록 더 거슬리며,
「원망」은 보탤수록 더 분하고,
「아픔」은 되씹을수록 더 아리며,
「괴로움」은 느낄수록 더 깊어지고
「집착」은 할수록 더 질겨지는 것이니,

부정적인 일들은 모두모두 지우는 게 좋습니다.
지워버리고 나면 번거롭던 마음이 편안해지고,
마음이 편안해지면 사는 일이 언제나 즐겁습니다.

「칭찬」은 해줄수록 더 잘하게 되고
「정」은 나눌수록 더 가까워지며,
「사랑」은 베풀수록 더 애틋해지고

「몸」은 낮출수록 더 겸손해지며,
「마음」은 비울수록 더 편안해지고
「행복」은 감사할수록 더 커지는 것이니,

평범한 일상생활에서도 언제나 감사한 마음으로 즐겁고 밝게 사는 것보다 더 좋은 게 또 있을까요.

목숨을 건 신뢰(信賴)

프랑스 루이 16세와 왕비 마리 앙투아네트가 시민 혁명군에게 포위되었을 때 끝까지 궁전을 지킨 것은 프랑스 군대가 아니었다고 합니다.

모든 수비대가 도망갔지만, 스위스 용병 700여 명은 남의 나라 왕과 왕비를 지키기 위해 용맹하게 싸우다가 장렬하게 최후를 맞았다고 합니다.

시민 혁명군이 퇴각할 수 있는 기회를 주었는데도 스위스 용병은 계약 기간이 수개월 남았다는 이유로 그 제의를 거절했습니다.

당시 전사한 한 용병이 가족에게 보내려 했던 편지에는 이렇게 쓰여 있었다고 합니다.
'우리가 신용을 잃으면 후손들은 영원히 용병을 할 수 없을 것

이다. 우리는 죽을 때까지 계약을 지키기로 했다.'

오늘날까지 스위스 용병이 로마 교황의 경비를 담당하는 전통이 이어지고 있는 데는 이와 같은 배경이 있다고 합니다.

젊은 용병들이 목숨을 바치며 송금한 돈은 헛되지 않았습니다.
스위스 용병의 신화는 다시 스위스 은행의 신화로 이어졌습니다.

용병들이 송금했던 피 묻은 돈을 관리하는 스위스 은행의 금고는 그야말로 목숨을 걸고 지켜야 하는 것으로 여겨졌고, 그 결과 스위스 은행은 안전과 신용의 대명사가 되어 이자는커녕 돈 보관료를 받아 가면서 세계 부호들의 자금을 관리해주는 존재가 되었습니다.

사랑과 신뢰는 종이 한 장의 앞뒤처럼 하나입니다.
따로 뗄 수가 없습니다.
하나가 없으면 다른 하나도 존재할 수가 없습니다.

사랑하면, 신뢰는 더욱더 깊어지고,

신뢰하면, 오래도록 변함없이 사랑할 수 있다고 합니다.

차가운 날씨가 다소 포근하게 풀리는 것 같습니다.

설 명절을 앞두고 마음이 자꾸 바빠지네요. 이럴 때일수록 좀 더 차분하게 업무를 정리해 가는 것이 좋을 것 같습니다.

배려(配慮)와 균형(均衡)

옛날에 기어 다니는 앉은뱅이가 있었답니다.
추운 겨울밤이면 얼어 죽지 않으려고 남의 집 굴뚝을 끌어안고 밤을 보내고, 낮에는 장터를 돌아다니며 빌어먹으며 근근이 살아갔습니다.

그러다 어느 날 장터에서 구걸하는 맹인을 만났습니다.
동병상련(同病相憐)의 아픔이 있었기에 두 사람은 서로 도우며 같이 살기로 다짐했습니다. 앉은뱅이는 맹인에게 자기를 업어서 길을 안내하라 하였지요. 맹인이 앉은뱅이를 업고 장터에 나타나면, 서로 도우며 살아가는 모습이 보기가 좋았던 사람들은 두 사람에게 넉넉한 인심을 보냈습니다.

그러자 빌어먹고 살지만, 예전보다는 살기가 훨씬 좋아졌습니다.

보는 놈이 똑똑하다고, 점차 맛있는 음식은 앉은뱅이만 골라 먹고 맹인에게는 맛없는 음식을 조금씩만 나누어 주다 보니, 앉은뱅이는 점점 무거워져 가고, 맹인은 점점 허약해져만 갔습니다.

그렇게 하루하루를 보내던 날에 두 사람은 시골 논길을 가다가 맹인이 기력이 다해 쓰러지게 되면서 두 사람은 도랑에 박혀 죽게 되었다고 합니다.

우리도 가끔 자신의 욕심으로 모든 것을 망치는 경우가 종종 있습니다.

능력 있고 똑똑하다고 하여 베풀지 않고, 자기 욕심만 채우다 보면 앉은뱅이와 같은 실수를 범할 수 있습니다.

'균형을 잃으면 공멸할 수 있습니다.'

요즘 완연한 봄날씨처럼 포근하네요. 내가 먼저 이해하고 배려하며, 균형 있는 삶으로, 더불어 함께하는 나날 되시기를 기원 합니다.

스스로 돌아보며

'무던히도 바쁘게 살아왔다.'라는 생각이 갑자기 듭니다.

누구나 삶이 여유롭고 즐거움만 있었겠습니까마는 산골 아이가 이만큼 줄기차게 내달려 왔으니 그도 그럴 만하지 않은가 싶습니다.

공자가 말하는 지학(志學)과 이립(而立)의 나이를 지나, 이제는 지천명(知天命)의 중턱을 넘어서 이순(耳順)을 바라보는 나이가 되었습니다. 그래도 뒤를 돌아보고 덧없이 눈물만 흘리거나 누구를 원망하며 허무감에 젖어 들지 않고 살아가고 있으니 참 다행스러운 일이 아닌가 생각됩니다.

오늘의 나를 있게 한 주위 분들과 가족 친지들에게 고마운 마음을 일구면서 미소 지울 수 있다는 것이 얼마나 기쁘고 감사할 일인가 싶습니다.

정직하게 나를 돌아보면 부끄러운 일들도 많고, 후회스러운 일들도 있지만 그래도 이만큼 살아올 수 있었던 것에 대해 모두에게 감사한 마음이 듭니다.

불혹(不惑)의 나이까지 '옳고 그름'을 가려보겠다고 혈기 왕성한 열정으로 죽기 살기로 싸웠습니다. 그래서 지금, 이 순간이 있는지도 모르겠습니다.

지금 스스로 돌아보며 '감사의 마음'을 떠올릴 수 있다는 것이 얼마나 다행스러운 일이고, 추하지 않게 늙어가고 있다는 것이 큰 기쁨일 수 있습니다.

좋은 사람들과 함께 한다는 것, 이 또한 얼마나 큰 행운인가 싶습니다. 세상사에 정신을 빼앗겨 갈팡질팡하거나 판단이 흐려져 주위를 불편하게 한 일들도 있었습니다. 그래도 그 자리에서 꼭 필요한 사람으로 머무르고자 노력하며 살아 왔습니다.

나 자신의 삶을 관조하는 지금, 이 순간을 통해 미래의 나를 그려봅니다. 조금 더 부드럽고 여유롭고 아름다운 삶을 살아갈 수 있었으면 좋겠습니다.

유능제강(柔能制剛)

유능제강(柔能制剛), '부드러움이 강함을 이긴다.'

동물원 원장에게 질문 했습니다.

"동물 중 어느 것이 빨리 죽나요?"

"호전적이고 성질이 급한 놈, 덩치가 큰 놈들은 빨리 죽습니다. 그러나 온유한 동물들은 오래 삽니다. 또 곤충 가운데서도 투구벌레처럼 등딱지가 딱딱한 놈들이 빨리 죽습니다."

철학자 '노자(老子)'도 온유함에 대해 교훈을 남겼습니다.

노자는 임종이 다가오자 제자들을 앉혀 놓고 입을 벌리고는 '내 입에 뭐가 보이는고?' 하고 물었습니다.

'아무것도 안 보이고 물렁물렁한 혀만 보입니다.'

'그렇지, 내 치아는 젊은 시절에는 아주 튼튼했지. 사납게 물어뜯고 아주 교만하게 굴더니 이제 다 빠져버렸네. 물어뜯기고

상처를 입으면서도 참고 살아온 혀만 남은 것이야.'

온유란 젠틀니스(gentleness) 즉, 부드럽고 따뜻함, 상냥함, 정다움을 이야기합니다.

그렇다면 바람과 햇빛이 지나가는 사람의 외투 벗기기 내기에서 누가 이겼나요?

"강한 바람보다 따뜻한 햇볕이 이겼습니다."

우리의 통일 정책도 '햇볕정책'으로 북한을 개혁과 개방으로 이끌어 내는 정책을 추진하였습니다.

올리브 나무가 갈대 앞에서 힘자랑을 했는데, 바람이 세게 불자 올리브 나무는 부러지고 갈대는 살아남았습니다.

우리는 세상을 살아가면서도 온유한 품성을 칭찬하고 격려해 주기보다는, 오히려 걱정하면서 더 강하고 독해지라고 말합니다.

자연의 섭리는 나무의 껍질이 두꺼워지고 딱딱해지면 죽어가는 고목이 되고, 부드럽고 연한 가지에서 푸른 잎이 움트며 아름다운 꽃과 열매가 맺힙니다.

오늘 하루는 온유와 부드러움이 있는 유연하고, 친절한 하루를 시작하시길 바랍니다.

'늘 감사합니다.'

일상 속의 감사

물고기는 물을 만나 헤엄치건만 물을 잊고 살고, 새는 바람을 타고 날지만 바람이 있음을 모르고, 우리는 사람 속에 살아가지만, 인연의 소중함을 잊고 살아가고 있네요.

저수지 바닥이 쩍쩍 벌어지는 가뭄을 겪어봐야 장맛비의 소중함을 알고, 온몸이 얼어붙는 추위를 느껴봐야 햇볕의 소중함을 알게 되는 것 같습니다.

이를 깨닫고 산다면 사물의 거리낌을 뛰어넘는 것이고, 천년의 묘기를 즐기는 것이 되겠지요.

우리는 지극한 은혜를 깨닫지 못하는 가운데, 진정한 즐거움과 괴로움을 분별하지 못하고 살아가고 있습니다.

그곳에 있으면서 그것을 잊어버리는 것,

이처럼 세상 속에 있으면서 세상을 잊은 우리에게 세상사 의미를 어디에서 찾아야 할까요?

바쁘게 살아가면서도 나는 누구인가? '어떻게 살다가 어디로 가야 할 것인가?'하는 삶의 의미를 생각해야 합니다.

내가 알게 모르게 받는 사람들로부터의 따뜻한 정들도 감사로 생각해야 하고요.

그 받은 고마움에 나부터 배려와 나눔의 실천하게 되고, 용서의 지우개가 되어서 모든 사람과 더불어 감사하며 살아 갈 수 있었으면 좋겠습니다.

좋은 마음가짐

우리가 일상생활이나 직장 생활을 할 때 반목(反目)과 갈등(葛藤)에 직면하게 될 때가 있습니다.

최근 직원들의 다툼을 보며 '일' 때문에 오는 스트레스도 힘들 텐데, 왜 '사람 관계'를 힘들게 가져갈까 하는 생각이 들어서 두서없이 생각을 정리해 보았습니다.

우리가 생활하며 가졌으면 하는 일곱 가지 마음가짐입니다.

-항상 기뻐하고 매사에 감사하는 마음

-상대를 무시하지 않고 상처주지 않는 마음

-소외 하지 않고 덮어주며 배려하는 마음

-시기 질투 하지 않고 감싸는 마음

-고통과 시험, 환란에 요동치지 않는 마음

-모든 사람의 이익을 좇아 은혜를 가지는 마음

-좋은 것과 아름다움을 추구하며 창조하는 마음

일상에서 가졌으면 하는 열 가지 마음가짐입니다.

-매사에 긍정적인 마음

-상대에게 여유를 주는 마음

-모든 일에 성급함이 없는 마음

-언행에 편협함이 없는 마음

-넓게 포용할 수 있는 마음

-겸손하고 섬기는 마음

-매사에 근면하고 적극적인 마음

-상대에게 성공을 주는 마음

-서둘지 않고 무례히 행치 않는 마음

-자기 이익만 생각하지 않는 마음

저는 요양원을 운영하면서 어떠한 경우라도 '어르신을 중심'에 두고 '같이(함께)의 가치(尊嚴)'를 실천하자고 교육하고 있습니다.

직원들에게는 어떤 업무를 추진하던지 '역지사지(易地思之)의 마음을 갖고, 내가 늙어 치매가 걸렸을 때 오고 싶은 곳으로 만들자, 내가 대접받고자 하는 대로 어르신을 대접하자, 내가 원하지 않는 것은 다른 사람에게 시키지 말자.'라고 이야기하고 있습니다. 상호 '공손한 언행'을 생활화하고, '존중과 배려'를 실천하고, 업무(業務)에 대한 스트레스는 어쩔 수 없지만, 사람 관계에서 오는 스트레스는 받지 않도록 서로 이해하고 배려하자고 독려하고 있습니다.

진정 아름다운 것

우리가 살아가고 있는 무한의 우주에는 아름다운 것들이 너무도 많습니다.

우주와 지구를 이어주는 오로라, 쏟아지는 별빛, 끝없이 펼쳐지는 지평선, 공평선, 휘영청 떠 있는 보름달, 솜털 같은 뭉게구름 등의 멋진 전경이 펼쳐집니다.

우리가 살아가고 있는 지구에도 '송이송이 휘날리는 눈', '메마른 대지를 하염없이 적셔 주는 비', '계곡에서 불어오는 신선한 바람', '푸른 빙하, 소복이 쌓여있는 설원, 심산유곡에 피어있는 야생화, 아름다운 강변, 심산유곡의 절경, 섬을 이어주는 해안선, 푸른 바다, 아름다운 꽃 등의 아름답고 황홀한 풍경을 봅니다.

필자는 위대한 자연 앞에 서면 자신은 한없이 작아져 버리고, 조금이라도 좋은 기운을 받기 위해 멋진 곳에 서면 늘 가슴을 펴고 큰 호흡 합니다.

자연도 아름답고 위대하지만, 우리 인간에게도 아름다운 마음이 있습니다.

저는 '사회복지 분야'에 투신하고부터는 좋은 분들과 부대끼고 살아가는 것이 너무 행복하기만 합니다.

요양원에 필요한 일이 있을 때는 무조건 시간을 내서 달려와 주시고, 경제적인 부분도 아낌없이 지원해 주시고, 본인 일처럼 땀을 뻘뻘 흘리시면서 진정으로 봉사하는 모습에서 아, 저분들이 천사 같은 분들이시구나 하고 감탄하며 감사하게 됩니다.

"꽃보다 아름다운 당신입니다."

자신을 내려놓고 희생 봉사하시는 '자원봉사자' 여러분의 고운 마음은 그 무엇보다 아름답습니다.

내가 받아서 행복한 것보다는 베풀 수 있을 때, 그 행복감은 더 커진다고 합니다.

'감사합니다.' '사랑합니다.'

애틋한 마음으로 늘 함께 해 주신 '자원봉사자' 모두에게 깊이 감사드립니다.

특별한 날

“우리가 살아가는 매일 매일이 특별한 날입니다.”

오늘의 생활이 소중한 경험이 되어야 하고, 지나간 날의 후회가 되어서는 안 된다는 것입니다.

어느 부인의 유품을 정리하다 고급 실크 스카프 한 장을 발견했다고 합니다.

그것은 그 부인이 뉴욕을 여행하던 중에 유명 매장에서 구입한 것이었습니다.

아주 아름답고 비싼 스카프여서 애지중지하며 차마 쓰지 못한 채 특별한 날만을 기다렸답니다. 그러나 평생 한 번도 써보지도 못한 채 그렇게 보관되어 있었습니다.

삶 속에 ‘특별한 날’만을 기다리지 마세요.

창가에 쌓인 먼지만 쳐다보지 마시고, 강가의 풍경과 화사하게 피어있는 봄꽃을 보세요.

아름다운 도자기 그릇을 장식장에 진열하지 마시고, 식탁에 올려놓고 즐거운 식사를 하고, 주변의 힘든 일을 남겨둔 채로 즐거운 음악을 들으며 책을 읽고, 따뜻한 차 한 잔 마시는 여유를 가지고 살아가세요.

나중에 아주 특별할 때 쓰려고 했던 것인데, 그날이 오지 않을 수 있으니까요.

'앞으로', '언젠가'란 단어로 더 이상 미루지 마세요.

무슨 즐거운 일이 생기거나 기분 좋은 일이 생기면, 바로 그때가 좋은 것입니다.

우리는 종종 옛 친구들과 만날 때 '다음에 술 한잔하자. 밥 한번 먹자.'라는 말을 남기고 헤어지곤 합니다. 그러나 영원히 그 시간이 오지 않을 수 있습니다.

그러니 우리는 매일 아침 우리가 눈뜰 때마다 '오늘이 바로 특별한 날이다.'라고 스스로 말해야 합니다. 매일 매시간 모두 그렇게 소중한 것이지요.

"내 평생. 오늘은 다시 오지 않기 때문입니다."

어제가 개구리가 겨울잠에서 깨어난다는 경칩이었습니다.

섬진강 강변에는 봄의 전령 매화가 하얗게, 붉게도 피어서 은은한 봄 향기를 내품고 있네요.

이제 완연한 봄님이 오시려나 봅니다.

아침의 단비로 파릇파릇한 봄기운 머금고 온 산야가 파란 새 잎이 돋아나고 있네요.

2 사랑은 매력 자본

♥ **0000 likes**

#그중에 그대를 만나 #나그네 인생 길 #내 마음의 항아리 #매력 자본
#봄을 사랑합니다 #사람답게 산다는 것 #당신을 만나서 행복했습니다
#아침에 드리는 인사 #인연 따라 마음을 일으키고 #인연이 그리운 계절
#존재의 이유 #지란지교(芝蘭之交)의 참사랑 #한없는 그리움
#바다가 그리울 때 #빛바랜 가족사진

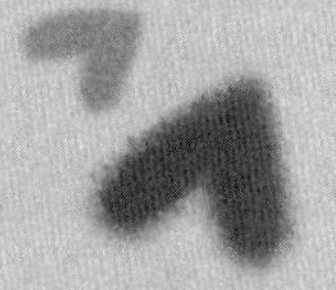

그중에 그대를 만나

필자는 가수 이선희 노래를 좋아하는데 30년 기념곡 '그중에 그대를 만나'의 가사가 너무 좋아서 몇 번을 들었습니다.

그 노래 속에는 '만남과 이별' 등 많은 스토리가 담겨 있습니다.

노래 가사 중에 '억겁'이라는 단어가 나옵니다.

인터넷에서 억겁이라는 단어를 찾아보니 좋은 글이 있어서 퍼 왔습니다.

"눈 깜짝할 새를 '찰나'라고 합니다. 손가락을 한 번 튕기는 시간을 '탄지'라고 하고, 숨 한번 쉬는 시간은 '순식간'이라고 합니다."

반면에 '겁'이란 헤아릴 수조차 없이 길고 긴 시간을 말하고 있습니다.

'억겁의 인연'이라고 일컫는 말의 뜻이 이해가 갑니다.

실제로 힌두교에서는 43억 2천 년만을 '한 겁'이라 합니다.

우리가 살면서 만나는 수많은 사람들을 '겁'의 인연으로 만나게 되었습니다.

"2천겁의 세월이 지나면 사람과 사람이 하루 동안 동행할 수 있는 기회가 생기고, 5천겁의 인연이 되어야만 이웃으로 태어날 수 있고, 6천겁이 넘은 인연이 되어야 하룻밤을 같이 잘 수 있게 되고, 억겁의 세월을 넘어서야 평생을 함께할 수 있게 된다고 합니다."

참. 놀랐습니다.

지금 내 주위에서 스쳐 가는 모든 사람들, 참으로 놀라운 인연들입니다.

나와 인연을 맺고 있는 많은 사람들….

그저 스쳐 지나가는 정도의 짧은 인연이라고 해도 그들은 최소한 1천겁 이상을 뛰어넘은 인연으로 만난 귀한 존재들입니다.

그렇다면 내가 온몸과 마음을 다해 사랑하는 사람들은 긴말 필요 없습니다. 그저 있을 때 잘해 주어야 할 것 같습니다.

나그네 인생길

언제 떠날지도, 어디로 가는지도 모르고 가다 보면, 서로 만나 웃기도 하고, 울기도 하고, 애절한 사연 서로 나누다 갈림길 돌아서면 어차피 헤어질 인연들입니다.

뒷모습 보며, '더 사랑해 줄 걸 하고 후회만 남고, 그리 못 해 준 못난 자존심으로 이해하지 못하고, 용서하지 못하고 왜. 미워했는지…?'

사랑만 하고 살아도 너무 짧은 시간, 베풀어 주고 또 줘도 남는 것들인데, 무슨 욕심으로 무거운 짐만 지고 가는 나그네 신세인가 싶습니다.

그날이 오면 다 벗어 던지고 가야 하는데, 화려한 옷도, 무거운 명예도, 담대한 인연도, 자랑스러운 고운 모습들로만 기억되길 기대하지만 이것 또한 욕심이 아닐까요?

더 그리워하며, 더 만나고 싶고, 더 주고 싶고, 보고 또 보고 싶고, 따뜻이 위로하며 살아가야겠다고 마음먹어 봅니다.

왜 그리운 마음의 문을 닫아걸고, 더 사랑하지 않았는지, 아니 더 베풀지 못했는지, 후회만 남게 되는 것 같습니다.

"인생은 나그네길 어디서 왔다가?, 어디로 가는가
정(情)이랑 두지 말자, 미련(未練)일랑 두지 말자
인생은 나그네길 정처 없이 흘러서 간다"
-최희준 가수의 '하숙생' 노래-

천년을 살면 그러할까? 만년을 살면 철이 들까요? 그래요 그러리오. 사랑한 만큼 사랑받고, 도와준 만큼 도움받는 세상의 이치가 그러한데, 심지도 않고 거두려고만 몸부림쳤던 부끄러운 나날들만 마음을 짓누르네요.

우리가 서로 아끼고 사랑해도 허망한 세월인 것을, 어차피 저 피안의 언덕만 넘으면 잊힐 것들인데,

미워하고 싸워봐야 상처 난 흔적만 훈장처럼 달고 갈 수밖에 없는 것을.

이제 살아있다는 것만으로 감사하고,
함께 있다는 것만으로 사랑해야지.
우리는 다 길 떠나가야 할 나그네가 아니던가요?

내 마음의 항아리

물도 바위 절벽을 만나야 아름다운 폭포가 되고,
석양도 구름을 만나야 붉은 노을이 되어 빛납니다.

인생도 살아가다 보면, 때로는 좋은 일도 있고, 슬픈 일도 있게 마련입니다.

오르막길이 있으면 내리막길도 있고, 장대 같은 폭우가 쏟아질 때와 보슬비, 가랑비, 여우비가 내릴 때도 있고, 구름 한 점 없이 쾌청(快晴)한 날도 있지요.

인생의 참된 즐거움도 역경(逆境)과 고난(苦難)을 극복한 뒤 비로소 얻게 되는 것 같기도 합니다.

우리의 삶 속에서 사람의 만남이 참 중요한 것 같습니다.
누구를 만나느냐에 따라 미래가 바뀌기도 하니까 말입니다.

빈 병에 꽃을 담으면 ‘꽃병’, 꿀을 담으면 ‘꿀 병’이 되고요. 통에 물을 담으면 ‘물통’, 쓰레기를 담으면 ‘쓰레기통’이 되는 것과 같지요.

우리 사람의 “마음”도 그 안에 무엇을 담느냐에 따라 좋은 대접을 받을 수도 있고, 천덕꾸러기가 될 수도 있는 것이 아닌가 생각됩니다.

즉, 우리 마음속에 담겨있는 것이 무엇이냐에 따라서 사람 대접받기도 하고, 못 받기도 한다는 것입니다.

불만, 시기, 불평 등 좋지 않은 것들을 가득 담아두면, 욕심쟁이, 심술꾸러기가 되는 것이고, 감사, 사랑, 겸손 등의 좋은 것을 담아두면, 남들로부터 대접받는 사람이 되는 것이지요.

무엇을 담느냐. 하는 것은, 누구의 책임도 아니고, 오직 ‘나 자신’입니다.

오늘은 마음에 무엇을 담으시겠습니까?

‘겸손, 감사, 사랑’ 내 마음의 항아리에 가득 담아 내가 행복하고, 남에게 기쁨과 행복을 줄 수 있는 나날이 되면 어떨까요?

매력 자본

매력 자본(erotic capital)이란 아름다운 용모와 성적 매력, 자기표현 기술과 사회적 기술이 합쳐진 애매하지만 정말 중요한 자본, 사람들을 호감 가는 동료로 만들고 사회의 모든 구성원 특히 이성에게 매력 있는 인물로 만드는 신체적, 사회적 매력이라고 할 수 있습니다.

또한, 성(性) 경제학에도 남, 여 간의 모든 교환과 관계의 기초가 된다고 하였습니다. 가수들은 무대와 카메라 앞에서 성적 매력과 활력을 발산하는 능력을 위주로 발탁되고, 의류와 향수 광고는 성적 매력을 크게 부각하는 분야이기도 합니다.

매력 자본은 아름다운 외모, 성적 매력, 활력, 옷 잘 입는 능력, 매력과 사회적 기술, 성적 능력을 모두 아우르며 신체적 매력과 사회적 매력이 혼합된 것이라고 할 수 있습니다.

섹슈얼리티(Sexuality)는 문학과 대중문화 광고에 점점 더 침투해 나감으로써 과거보다도 생활에 더 큰 역할을 합니다.

매력 자본의 요소는 아름다운 외모, 성적 매력, 사회적 요소, 사회적 표현력, 섹슈얼리티 등이라고 할 수 있습니다.

매력 자본은 모든 사회적 상황에서 사회 구성원 특히 이성에게 보여주는 심리적, 시각적, 신체적, 사회적, 성적 매력을 종합해 놓은 것입니다.

배관공이나 전기기사 보다 공적인 과시나 사회적 인맥을 우선시하는 정치가나 대통령, 기업 임원에게 매력을 느끼는 것처럼 말입니다.

여자들은 개인의 표현에 더 힘쓰기 때문에 사회 대부분에서 남자보다 더 많은 매력 자본을 지니고 있습니다.

남성도 멋진 여성을 만나기 위해서는 자신의 능력에만 전적으로 의존하지 말고 매력 자본을 키워야 한다고 생각합니다.

광고에 등장하는 에로틱한 매력에 가장 적극적으로 반응하는 부류가 젊은 소비자층이라고 합니다. 18~24세 사람들 중 절반이 광고에 섹시한 이미지가 등장하는 옷을 구매할 가능성이 더 큽니다.

매력적인 사람들은 다른 사람들을 친구, 연인, 동료, 고객, 의뢰인, 팬, 추종자, 유권자, 지지자, 후원자로 만들어 냅니다. 그들은 사생활에서 더 성공을 거두는 동시에 정치나 스포츠, 예술, 비즈니스에서도 성공을 거둔다고 할 것입니다.

우리가 머무르는 현실에서 매력 있는 자본가로 살아가기 위해서는 어떤 노력이 필요할까 생각해 봅니다.

봄을 사랑합니다

남에게 사랑을 받으려면 내가 먼저 나를 사랑해야 한다는 사실을 아는 사람은 현명한 사람이라고 합니다.

그렇게 내가 나를 사랑하고 내가 남을 사랑할 수 있다면 괴로움이 적어지고 즐거움이 커지겠지요. 하지만 그것만으로는 완전한 행복에 이를 수가 없다고 합니다.

온전한 행복은 기대하는 마음 없이 조건 없이 줄 때, '아가페적인 사랑'을 실천할 때 가능하다고 합니다.

바라는 것 없이 어떤 사람을 사랑할 수 있다면, 그가 나를 좋아 하든 좋아하지 않던, 그 사람을 보는 것만으로도 좋기 때문에 행복해질 수 있겠지요.

기대함 없이 좋아해 보세요.

바다를 사랑하듯이,

산을 좋아하듯이,

그냥 큰마음으로 자연이 우리에게 주듯이 아낌없이 주는 사랑을 실천해 보시기 바랍니다.

내 고향 남녘에는 봄꽃 릴레이가 시작되었습니다.

참, 아름답게 이어 달리고 있네요. 매화, 동백꽃, 산수유, 목련, 천리향, 개나리, 진달래, 벚꽃, 배꽃, 철쭉꽃으로 이어지면서 은은한 꽃향기 내뿜으며 우리의 마음 설레게 합니다.

누가 1등이고 3등인지는 따지지 않습니다.

손에 손잡고 새로운 잉태를 위해 서로 앞다퉈 옷을 갈아입으며 풍요로운 열매를 맺기 위해 줄달음치고 있네요.

나의 첫사랑은 매일생한불매향(梅一生寒不賣香), '매화는 일생 추위에도 향을 팔지 않는다.'이지만 빨, 주, 노, 초 사랑도 모두 다 내 마음을 사로잡고 있네요.

봄기운 머금으며, 서로 사랑했으면 좋겠습니다.

사람답게 산다는 것

'누군가에게 소중한 사람이 되어라.

진정으로 다른 사람을 소중히 여겨라.

그게 사람답다는 것 아니겠는가.

진정으로 누군가를 소중히 여긴다면,

그 사람에게 상처 주기보다는

내가 상처받는 게 나을 것이다.

진정으로 그 사람을 소중히 여긴다면.'

-줄리어스 레스터의 『자유의 길』 중에서-

꽃보다 사람이 더 아름답다 하지 않던가요? 모두 다 귀한 존재로 태어나 행복한 삶을 꿈꾸며 살아가고 있습니다.

서로에게 상처 주거나 미워하지 말고, 서로의 입장을 헤아리는 '배려와 존중'이 필요한 요즘입니다.

진정으로 '사람답게 살아가는 길'이 무엇인가?

생각하기 나름이겠지만 자기의 '욕심'을 내려놓고 가는 것이라 생각합니다.

'공수래공수거(空手來空手去)', 우리네 인생 피안의 언덕을 넘을 때 아무것도 가지고 갈 수 없는 것이라 합니다. 그래서 나만의 욕심으로 살아가지 말자는 것이지요.

우리가 살아가면서 상대에 대한 '배려(配慮)와 존중(尊重)'도 필요하지만, 오히려 더 중요한 것은 '공감(共感)'이 아닌가 생각됩니다. 또 '역지사지(易地思之)', 상대의 입장을 헤아려 보는 것이라고 생각됩니다.

왜. 저 사람은 그렇게 행동했을까?

내가 그 입장이었다면 어떠했을까?

차이(差異)를 인정하고 차별(差別)하지 않아야 합니다.

상대가 싫어하는 일은 나도 하기 싫은 일이기 때문입니다.

비가 내릴 때 우산을 받쳐주는 것은 '배려(配慮)'라면, 비를 함께 맞아주는 것이 '공감(共感)'이 아닐까요?

자신의 입장에서만 생각하지 말고 전체를 생각하는 공감하는

'좋은 마음'으로 살아갔으면 좋겠습니다.

지금은 조금 손해 보고 살아가는 것 같지만, 종국에는 승리하는 삶이 되리라 생각합니다.

당신을 만나서 행복했습니다

당신의 해맑은 미소가 예뻤고 당당함이 사랑스러웠습니다. 당신의 가냘픈 몸매가 투박한 이국의 문화에 상처가 되지는 않을까 염려도 되었습니다. 대자연의 절경에 당신이 있어 좋았고 좋은 벗들이 있어 행복했습니다. 멋진 음악이 좋았고 당신의 고운 목소리의 전문적인 설명이 좋았습니다. 아름다운 미소가 좋았고 호쾌한 웃음 또한 사랑스러웠습니다.

나는 당신에게 푹 빠져 떠나오는 발걸음이 떨어지지 않았습니다.

헤어지기가 아쉬워 물끄러미 바라보기도 하고, 몇 번을 돌아보며 발길을 돌릴 수 가 없었습니다. 이렇게 쉽게 가까운 감정을 느껴 본 적은 없었습니다. 짧고도 긴 여정 이였습니다. 이번 연수는 나를 잃어버리고 대중 속에 떠밀려 살아가는 나에게 작은 나를 찾을 수 있었다고 여겨집니다.

지쳐있던 나에게 새로운 활력이 되기도 하였습니다. 잊어버렸던 시인의 마음을 되찾아 준 당신에게 감사의 뜻을 전합니다. 이국땅에서 한민족의 정겨움이 좋았습니다.

나는 이번 여행을 통해 또 하나의 그리움을 배웠습니다.

앞으로 누군가의 따뜻한 손길이 필요하게 될 지도 모르겠습니다.

그리움이 상처가 안 되기를 기원합니다. 떠나오는 마음 왠지 서글펐지만, 보내는 마음 편안할 수 있었겠지요. 엎치락뒤치락 허우적거리던 잠자리에서 벗어나 창밖을 봅니다.

아침 해가 떠오르고 있습니다. 마지막 덴마크의 아침입니다.

아직 익숙하지 않는 시차 때문인지 서녘 노을 같은 착각에 잠깁니다.

언제나 평상심으로 나의 자리를 찾을 수 있을까? 당신이 답해야 할 것 같습니다.

무미건조한 잠자던 영혼에 충격을 안겨준 많은 것을 느끼게 한 여행 이였습니다.

나에게 아픈 만큼이라도 성숙한 계기가 되기를 기대합니다.

이번 여행 과정을 통해 큰 숙제가 되어버린 나에게 에둘러 친

여행 후유증이 걱정뿐입니다.

아직도 시차 적응이 되지 않습니다. 나는 역시 촌놈인 것 같습니다.

대단히 똑똑한 당신을 보며 한국인의 강인함을 보았지만, 애절한 여인의 모습도 느꼈습니다. 항상 미소를 잃지 않는 당신이 더 멋진 인생을 살아가시기를 기원합니다.

아침에 드리는 인사

조건없이 사랑을 주는 것은 내가 행복해지는 것이라 합니다.

받는 기쁨은 잠시지만 줌으로써 그 사람이 행복해질 모습에 오래오래 내가 더 행복해지는 것이기 때문입니다.

대가를 바라면 주는 즐거움은 반감된다고 합니다. '조건 없이 주는 것' 이것이 아가페적인 사랑이라 합니다.

우리가 살아가면서 좋은 점만을 보는 눈의 베풂, 환하게 미소 짓는 얼굴의 베풂, 사랑스런 말소리의 입의 베풂, 낮추어 인사하는 몸의 베풂, 착한 마음 씀의 마음의 베풂도 계산되지 않은 '조건 없이 주는 사랑'이겠지요.

제가 언제부터인가 가까운 몇 분들에게 아침 인사를 전하게 되었습니다.

SNS를 통해 소통하는 분들이 페이스북(4,971명), 카카오톡(2,487명), 카카오 스토리(774명), 밴드(58개) 등의 ON-Line 상 많은 분들과 좋은 생각들을 공유하고 있습니다.

부족하지만 아침에 눈을 비비며 올린 글에 어떤 분은 사랑이

담긴 댓글을 남겨주기도 하고, 마음을 실어서 격려해 주시는 분들도 있습니다. 어떤 분은 흔적도 없거나 부정적인 댓글을 달기도 합니다. 그것에 '일희일비(一喜一悲)' 해서는 글 올리고 싶지 않을 때가 있겠지요.

그러나 '사랑' '격려'의 댓글을 읽으면서 저의 작은 정성을 큰 보람으로 느껴질 때가 많이 있습니다. 그래서 이젠 어떻게 보면 의무가 되어버린 것 같기도 합니다.

우리에게도 어렵고 힘들고 혼란스럽게 하루하루를 보내시는 분들도 계실 겁니다. 그분들에게 한마디 말과 글로 힘을 더해 준다면 그들이 행복해하는 것을 보면 제가 더 행복할 것은 자명한 일이 아닐까 합니다. 오늘도 무엇이든 많이 나누며 행복한 날 되시기를 바랍니다.

새로운 한 주가 시작되었네요.

오늘 날씨는 흐리고 춥다고 하지만 마음은 밝은 기분으로 늘 힘냈으면 합니다.

인연 따라 마음을 일으키고

다사다난했던 무술년의 인연도 이달이 지나면 역사의 뒤안길로 사라져 갑니다. 마지막 달의 첫날이 휴식을 주는 주말이라 편안함을 주네요.

우리가 인생을 살아가면서 좋은 인연도 만나고, 슬픈 인연도, 기쁜 인연도 만나게 되는 것 같습니다. 그러나 너무 좋아할 것도 너무 싫어할 것도 없다고 합니다.

오늘이 얼마 전 안타까움으로 멀리 떠나보낸 후배의 생일이라고 SNS 계정에서 알려오네요. 참 야무지고 똑똑한 좋은 후배였는데 갑자기 심장혈관질환으로 먼 길을 떠나갔습니다.

좋아해도 괴롭고 미워해도 괴롭고, 괜히 그리움만 밀려오네요.

우리네 인생사가 우리가 알고 있고, 겪고 있는 모든 괴로움은 좋아하고 싫어하는 이 두 가지 분별에서 오는 것이 아닌가 여겨집니다.

늙음에 대한 괴로움은 젊음을 좋아하기 때문에 오고,

병에 대한 괴로움도 건강 하고자 하는 데서 오며,

죽음 또한 삶을 좋아함 즉 오래 살고자 하는 집착에서 오고, 이렇듯 모든 괴로움은 좋고, 싫은 두 가지 분별에서 오는 것이라 생각합니다.

좋고, 싫은 것만 없으면 괴롭고 슬픈 것도 없이 마음의 고요한 평화를 이룰 수 있을까요? 진정 마음의 평화는 어디에서 오는 것일까요?

그렇다고 목석(木石)처럼 사랑하지 말고, 미워하지도 말고, 그냥 무감각하게 살아가자는 것은 아닙니다. 사랑을 하되 집착이 없어야 하고, 미워하더라도 거기에 오래 머물러서는 안 된다는 것이지요.

사랑이든 미움이든 마음이 그곳에 딱 머물러 집착하게 되면 그때부터 분별의 괴로움은 시작된다고 하네요. -법정 스님 글 옮김-

우리가 살아가면서 사랑이 오면 사랑을 하고, 미움이 오면 미워하되, 너무 오래 머무르지 않도록 해야 할 것 같습니다. 인연 따라 마음을 일으키고, 인연 따라 받아 들어야 하겠지만 집착만은 놓아야 마음의 평온을 가져올 수 있다는 것이지요.

시간이 너무 빨리 내달리고 있습니다. 기온의 변화에 건강관리 잘하시며, 행복한 나날 보내시길 바랍니다.

인연이 그리운 계절

가을엔 맑은 인연이 그립습니다.

서늘한 기운에 옷깃을 여미며 고즈넉한 찻집에 앉아 화려하지 않은 듯, 화려한 코스모스처럼 풋풋한 가을 향기가 어울리는 그런 사람이 그립습니다.

모락모락 피어오르는 차 한 잔을 마주하며, 말없이 눈빛만 바라보아도 행복의 미소가 절로 샘솟는 사람, 맑은 하늘 청명한 빛처럼 그윽한 향기가 전해지는 그런 사람, 찬바람이 속살을 파고드는 스산한 날에는 찻잔 속에 향기가 녹아들어 그윽한 향기를 오래도록 느끼게 하는 그런 사람이 정말 그립습니다.

억새, 그 영원한 생명력!

파랗게 부드러운 잎사귀에서 꽃피우더니 어느새 흰 옷을 갈아입었다.

멀리 산언저리 계곡바람 불어오면 눈 시리도록 화사함으로 황금 춤을 추겠다.

아직은 외롭게 홀로 서 있지만 머잖아 어깨동무 하며 아리랑 춤을 추겠다.

어김없이 찬바람 흰서리 맞으며 흰색 막질 넘실거리며 가을 곡예 펼치고

민둥산 언저리에 오색찬란한 옷깃이 넘실대겠다.

황혼의 계절, 가을!

세월도 또 그렇게 흘러가는 것인가?

예쁜 꽃으로 왔다가 잡초로 살다온 우리네 인생!

억새, 흰 수염 바람에 넘실거리는 군무

세상의 흐름을 받아드리고, 편안한 맘, 행복한 맘으로 즐거운 춤을 추겠다.

-필자의 시 '억새'-

그리움에 목말라 산등선에 올라 수평선 바라보며, 은빛 억새처럼 초라하지 않으며, 기풍이 있는 모습으로 겉보기보다 속이 아름다운 사람으로 이 가을에 설 수 있다면 얼마나 좋을까요.

억새처럼 출렁이듯 흔들리는 마음으로 이 가을에는 은빛 향기를 품어 보렵니다.

오늘은 기온이 조금 떨어진 맑은 가을 날씨가 될 것 같네요. 맑은 그리움을 생각하며, 해맑고 행복한 오늘 되세요.

존재의 이유

우리 세상을 살아가면서 서로에게 마음 든든한 사람이 되었으면 좋겠습니다.

때때로 힘겨운 인생의 무게로 속마음마저 막막할 때, 우리 서로 위안이 되는 그런 사람으로 서로에게 '존재의 이유'가 되었으면 좋겠습니다.

누군가는 사랑에는 조건이 따른다지만, 우리의 바람은 지극히 작은 것이게 하고, 그리하여 더 주고 덜 받음에 섭섭해 하지 않았으면 좋겠습니다.
문득 스치고 지나는 먼 회상 속에서도, 반가운 사람으로 남아 있었으면 좋겠습니다.

어쩌면 고단한 인생길 먼 길을 가다가도, 어느 날 불현듯 지쳐 쓰러질 것만 같은 시기에 마음을 기댈 수 있는 사람이 되고 싶습니다.

그대여!

견디기엔 한 슬픔이 너무 클 때 언제고 부르면 달려올 수 있는 자리에, 오랜 약속으로 머물 길 기대 합니다.

어느곳에 있던 그곳에 꼭 필요한 사람으로 살아갈 수 있었으면 좋겠습니다. 더없이 간절한 그리움으로, 눈 시리도록 바라보고픈 사랑으로, 우리 언제나 끝없이, 끝없이 기쁜 사람으로, 나는 너에게 너는 나에게로, 서로의 '존재의 이유'가 되었으면 좋겠습니다.

지난 주말부터 막내딸 대학 면접고사가 있어서, 어제는 대전에서, 오늘은 서울로 오가고 있습니다. 날씨가 상당히 추워요. 사랑하는 딸이 떨지 말고 면접에 당당하게 임했으면 좋겠습니다.

부모의 마음은 한도 끝도 없는가 봅니다.

지란지교(芝蘭之交)의 참사랑

우리의 삶이 비록 힘겨울지라도 함께하는 친구가 많이 있었으면 좋겠습니다.

하늘을 바라볼 때면 늘 힘이 되어주고 위로가 되는 사랑이었으면 좋겠습니다.

요즘처럼 고추잠자리 맴도는 하늘가에 파란 마음으로 메아리치는 늘 푸른 가을을 사랑하는 푸른 마음이었으면 좋겠습니다.

가끔 하늘이 너무 파래 눈물이 날 때면, 사랑이 가득한 메시지로 힘이 되어주는 한 송이 들꽃처럼 행복을 실어주는 사랑이 가득한 사람이었으면 좋겠습니다.

해가 뜨고 달이 뜨는 배경에서 오늘이 가고, 아름답고 정겨운 이야기들이 하나둘씩 피어납니다.

말없이 흘러가는 강물 같은 인생이여,

서로에게 마음의 정 나누며 살아가기도 부족한 삶의 여정에서 세상이 우리를 힘들게 할지라도 기쁨과 희망이 가득한 사랑으로 풍요로운 가을의 향기를 나눌 수 있는 맑고 깨끗하며 두터운 지란지교(芝蘭之交)의 참사랑으로 함께했으면 좋겠습니다.

나 그대에게 그런 가을 사랑이고 싶습니다.

나 그대에게 그런 기쁜 사랑이고 싶습니다.

요즘 아침에는 안개가 많이 끼는 것 같습니다. 차량 거리 유지하며 안전운행은 필수입니다.

오늘은 눈 시리도록 파란 하늘이 될 것 같습니다.

한없는 그리움

당신을 만난 것을 후회하지 않습니다.
다만 당신이 그리워 아플 뿐이지요.

보고 싶다 하여도 마음대로 볼 수 없는 마음
음성을 듣고 싶어도 들을 수 없고,
마음을 전하고 싶어도 전할 수 없는 아픔 마음
오늘도 홀로이 폰만 만지작거릴 뿐입니다.

그래서 그런 건지, 더욱 그립기만 합니다.
-림태주 『이 미친 그리움』 중에서-

밖은 아직도 어둠이 깔려 초겨울의 스산함이 느껴집니다. 그리운 마음은 멈출 줄 모르고, 긴 밤을 새하얗게 새워버린 미친 그리움입니다.

그대는 느껴지는가?

기나긴 가을밤. 아픈 마음 달래가며 잠 못 이루는 당신에 대한 그리움을, 이른 새벽 찬바람에 띄워 보낸 뜨거운 내 간절함 그리움과 사랑을.

이 미친 그리움에 애태우는 나. 오늘도 이렇게 애간장을 태우며 긴 가을밤을 지새워야 하는지를 그대여 아는가.

이맘때면 가슴속에 숨겨 두었던 그리움이 밀려옵니다. 그 그리움에 병이 되는 만추의 계절입니다.

많은 생각에 잠기게 하고 추억을 떠올리며, 그리움에 잠 못 이루게 하는 계절입니다.

오늘은 조금 쌀쌀한 맑은 날씨가 이어진다고 하네요. 어제 지진 피해가 조기에 마무리되기를 기원합니다.

야외 산책이라도 하면서 만추의 끝자락에 떨고 있는 낙엽을 보며, 성큼 달려와 있는 겨울을 마중하는 여유로운 하루 보내시길 바랍니다.

바다가 그리울 때

철썩철썩 부딪치는 파도 소리가 그리울 때가 있습니다.

그래서 새파란 물결이 보고 싶으면 동해 바다로 갑니다.

저는 여수 앞바다를 보며 고등학교에 다녔습니다. 송신소가 높이 서 있는 솔밭 아래서 하모니카를 불며 외로움을 달랬습니다. 여수 신월동에서 여수고까지 늦은 밤 바닷가를 따라 걸어야 했던, 그때의 파도 소리와 바다 냄새가 그리울 때가 많이 있습니다.

서울의 찌든 생활이 지치고 힘들 때는 여지없이 동해 바닷가로 가서, 그 갈증을 해소하고 재충전하였습니다. 그렇게 버티고 이겨나가며 오늘을 걸어왔습니다.

지금도 힘겨울 때는 가까운 바닷가로 가고, 그리움도, 외로움도 즐기면서 마음을 내려놓고 걸어가고 있습니다.

이따금 이산 저산 기웃거리며, 백운산도 오르고 지리산도 갑니다.

힘들고 지칠 때는 바닷가로 가 보세요.

파도에 묻고 답하고, 그 그리움은 파도에 실어 보내세요.

가끔은 산으로도 가 보세요.

늘 그대로 서 있는 담대한 자태에 덕(德)을 배우고, 고난의 인생길이 정상에 이른다는 진리를 알게 되니까요.

우리 인생길 '무소의 뿔처럼 혼자 가는 것이다' 합니다.

빛바랜 가족사진

저에게는 가슴 아픈 가족 이야기가 있습니다.

빛바랜 아버님 영정 사진과 제가 늦깎이 군 장교로 임관하여 삼 형제가 함께한 기념사진입니다.

아버님은 39세에 6남매를 남기시고, 큰형님은 42세에 3자녀를 남기시고 먼 길을 떠나가셨습니다.

아버지라는 단어를 부르지 못했고, 어렴풋이 남아 있는 아버님의 모습은 아픈 기억으로만 남아있습니다.

저희에게는 아버님이 안 계셨지만, 어머님도 남의 일터에 빼앗기고 외롭게 보냈던 기억이 가슴속에 남아있습니다. 그렇게 고생만 하신 어머님마저도 3년 전에 갑자기 '급성 심근경색'으로 먼 길을 떠나보내야 했습니다.

요즘도 홀몸으로 자식 한둘 키우기도 힘든데, 배곯던 그때의 어려운 시절에는 얼마나 힘들었을까요? 제 나이 5살, 동생 2살, 3살 터울에 6남매이었으니까요.

이렇게 비가 내리는 날에는 많은 상념이 스크린처럼 뇌리를 스치고 지나갑니다.

오늘은 가족사를 생각하니 떠나버린 사람들이 그리워집니다.

형님도 부모님을 대신해 집안의 큰 기둥이셨는데, 예고 없이 갑자기 우리 곁을 떠나가셨습니다. 지금도 그 사진을 보면 금방 어딘 선가 저를 부르며 들어오실 것 같습니다.

지금도 그리운 단어 '엄마.', '아버님.', '형님.' 이 그리움에 젖어들게 합니다.

김진호의 '가족사진'이란 노래를 들으며 혼자서 한참을 흐느껴 울었습니다.

사랑하는 가족을 생각하며 꼭 들어보세요.

가족들과 많이 이해하고, 배려하고, 사랑하며 살아갈 수 있었으면 좋겠습니다.

3 좋아서 좋은 사람

FOLLOW •••

♥ 0000 likes

#SNS 이용에 대한 인터넷 예절 #가족의 의미
#불필요한 것 제거하기 #생명이 자본이다
#적당히 걱정도 해주며 간혹 궁금해 하기도 하며 #소중한 인연
#소중한 친구 #아버지가 자랑스럽겠구나 #오늘을 사는 것입니다
#친구의 종류 #자기의 관점 #편견은 색안경과 같다
#평상심(平常心)을 갖고 살아요 #함께 가는 길 #가을비가 내립니다
#많이 참고 꾸준히 견뎌라

SNS 이용에 대한 인터넷 예절

SNS(사회관계망서비스)는 특정한 관심사나 정보를 공유하는 트위터, 페이스북, 카카오톡, 카카오스토리, 밴드 등의 On-line 상에서 서로 소통하는 아주 편리한 사회관계망 서비스라고 할 수 있습니다.

그러나 서로 얼굴을 마주하지 않고 소통하기 때문에 가끔은 무례한 경우를 겪게 되기도 하는 것 같습니다.

SNS 이용 예절에 대하여 잘 정리되어 있는 내용이라 함께 공유하고자 합니다.

서로 상대에 대한 배려와 이해의 토대 위에서 소통하며 좋은 관계가 지속되었으면 좋겠습니다.

1. 인(仁) : 아무리 나의 글을 안 읽거나 답장이 없다 할지라도 꾸준히 글을 보내니 이것을 '인(仁)'이라 한다.

2. 의(義) : 정성 들여 보낸 글을 끝까지 읽어주니 이것을 '의 (義)'라 한다.

3. 예(禮) : 좋은 글을 읽었을 땐, 그 글을 보낸 이에게 간단하게 감사의 뜻을 전하니 이것을 '예(禮)'라 한다.

4. 지(智) : 감동의 글을 쓰기란 하늘의 별을 따는 것처럼 어렵다는 것을 알고, 작은 감동에도 답장하는 아량을 깨달으니 이것을 '지(智)'라 한다.

5. 신(信) : 비록 자신의 글을 읽고 답장을 주는 이가 적을지라도 그들을 위해 더욱더 열심히 글을 보내니 이것을 '신(信)'이라 한다.

6. 화(和) : 받은 글에 논리적 하자가 있거나 독단적 이거나 이미 읽은 글이더라도 절대로 반론이나 비평을 가하지 않고 '잘 읽었습니다. 좋은 하루 되세요.'라고 감사하는 인내심을 일컬어 이것을 '화(和)'라 한다.

7. 겸(謙) : 퍼 옮기고 싶은 게시물을 발견했을 때에는 공개된 자료가 아닌지 반드시 확인해야 한다. 유용한 글 한 편으로 펌인 됨을 '겸(謙)'이라 한다.

사람이 갖추어야 기본적인 도리 인(仁), 의(義), 예(禮), 지(智), 신(信) 오상(5常)에서 화(和), 겸(謙) 두 가지를 더해 칠상(7常)을 논하고 있네요.

누가 정리하였는지 철학적으로 정말 잘 정리하고 있어 마음에 와닿는 '논지의 글'이라 펌해서 공유합니다.

필자는 7여 년 전부터 좋은 글을 접하면 주위 분들과 공유하고 싶어서 아침 인사 / 고향(인성) 지킴이 이철재의 생각 / 핫이슈 등으로 가능한 매일 3천여 회의 글을 게재하였습니다. 어느 때는 다른 사람의 생각과 글이 제 생각이나 신념이 되어 있을 때가 있었음을 고백합니다.

새벽에 눈썹을 비비며 생각을 다듬어서 글을 올리다 보니 오탈자도 있고 글의 문맥이 맞지 않을 때도 많이 있었던 것 같습니다.

그런 부분도 넓은 마음으로 이해해 주시길 부탁드립니다.

SNS(사회관계망서비스)를 통해 많은 분들과 관계하고 소통하며 서로에게 유익한 친구가 되었으면 좋겠습니다.

가족의 의미

우리의 인생은 태어나 짝을 만나서 살다가 늙어서 아프다가 어쩔 수 없이 저 피안의 언덕을 넘어 저승길로 가는 것 같습니다.

아무리 욕심나는 것도 가져갈 수도 없고, 아무리 가고 싶지 않아도 갈 수밖에 없는 길이 저승길입니다.

흔히 사람들은 '결혼식 손님은 부모님 손님이고, 장례식 손님은 자녀들의 손님이라고 합니다.' 장례식 손님 대부분은 고인보다 고인의 가족들과 관계가 있는 분들입니다.

그렇게 보면 마지막까지 변함없이 곁에 남아 있는 사람은 가족들이라고 생각됩니다. 그중에 아내요. 남편인 것 같습니다.

젊을 때 찍은 부부 사진을 보면, 대개 아내가 남편 곁에 다가서서 기대어 있지만, 늙어서 찍은 부부 사진은 남편이 아내 쪽으로 몸을 기울여 있는 모습이랍니다.

젊을 때는 아내가 남편에 기대어 살고, 나이가 들면 남편이 아내의 도움을 받으며 살아가게 되는 것이지요.

그래서 서로를 향하여 여보, 당신이라고 부른다고 합니다.
여보(如寶)라는 말은 보배와 같다는 말이고,
당신(堂身)은 내 몸과 같다는 말입니다.

마누라는 '마주 보고 누워라'의 준말이고,
여편네는 '옆에 있네'에서 왔다고 합니다.
부부는 서로에게 가장 귀한 보배요,
끝까지 함께 하는 평생 동지라고 생각되네요.

세월이 가면 어릴 적 친구도, 이웃들도, 친척들도 다 곁을 떠나게 됩니다.

마지막까지 내 곁을 지켜줄 사람은 아내요. 남편이요, 자녀들이라고 생각합니다.

우리가 가장 소중하게 여기고, 아끼며 사랑해야 하는 사람이 가족이 아닐까요.

살아생전 어머님께서 '가족이 소중하다.' 하신 그 뜻이 무엇을 말하는지 이제야 마음에 와 닿습니다.

불필요한 것 제거하기

우리가 행복하기 위해서는 완벽하게 갖추고, 모든 것을 다가지고 있어서 행복한 것이 아니라 마음을 비우고 낮추고 감사하는 마음으로 살아야 행복한 삶을 살아갈 수 있다고 생각합니다.

미켈란젤로가 〈다비드 상〉을 완성하던 날 수많은 사람들이 다비드 상을 보기 위해 피렌체로 몰려들었다고 합니다.

커튼이 걷히고 5.17미터 높이의 〈다비드 상〉이 그 모습을 드러내자 사람들은 일제히 탄성을 질렀습니다.

인간이 만들었다고는 도저히 믿을 수 없는 완벽한 조각상에 압도된 대중들은 하나같이 무릎을 꿇으며 신에게 감사의 기도를 올렸습니다. 〈다비드 상〉은 대리석 조각으로 골리앗(Goliath)을 돌로 때려 쓰러뜨린 성서의 소년영웅 다비드를 표현한 예술작품입니다.

사실 미켈란젤로가 조각한 대리석은 돌의 결이 하도 특이하여 당대 유명한 조각가들이 조각하다 모두 포기하여 40여 년 동안 방치된 돌이었습니다. 어느 쪽은 푸석푸석하고 어떤 쪽은 단단하여 조각하기에 너무도 어려웠던 것입니다. 그 모든 난관에도 불구하고 미켈란젤로는 그 대리석으로 최고의 작품을 만들어 냈습니다.

작품이 완성된 후 어떤 방법을 써서 조각했기에 남들이 모두 포기한 그 대리석으로 그토록 훌륭한 조각을 할 수 있었냐고 물었습니다. 그러자 미켈란젤로는 다음과 같이 고백했습니다.

"나는 돌 속에 갇혀 있는 다비드만 보고 불필요한 부분을 제거했을 뿐입니다"

위대한 조각상 역시 불필요한 부분을 제거한 결과물입니다.

우리는 참 좋은 세상에서 살아가고 있습니다. 불가 10년 전에는 상상도 못했던 일들이 현실이 되어 나타나고 있습니다. 그 이유는 IT통신업계의 발전이라고 생각합니다.

미국의 애플(Apple)사의 창업자 스티브잡스(Steve Jobs)는 위기에 봉착한 애플사의 대표를 맡으며 다양한 품목과 복잡한 기능을 단순화하여 아이폰, 아이패드 출시하며 새로운 바람을 불러일으켰고, IT통신업계의 새로운 문화를 창출하였으며 억만장자의 거부가 되었습니다.

우리는 흔히 몸에 좋은 보약을 지어 먹는 것 보다 중요한 것은 몸에 해로운 음식을 삼가는 것이고, 누군가 사랑한다면 그 사람이 원하는 것을 들어주기에 앞서 그 사람이 싫어하는 것을 하지 말아야 한다고 합니다.

행복(幸福)을 원한다면 욕망(慾望)을 채우려 하기보다 욕심을 제거 하는 쪽이 훨씬 현명한 선택입니다. 그렇습니다. 삶이 허전한 것은 무언가 채워지지 않았기 때문이 아니라 여전히 비우지 않고 있기 때문입니다. 친한 친구 간에도 좋은 추억을 만드는 것보다 중요한 것은 서운함의 앙금을 없애는 것이 좋다고 생각합니다.

동방의 현인 야율초재(耶律楚材)의 말이나, 서방의 현인 아리스토텔레스(Aristoteles)의 말의 의미는 모두 일맥상통 합니다.

'무엇을 채울까.'를 생각하기에 앞서 '무엇을 비울까.'를 생각하고, '어떤 장점을 갖출까.'를 생각하기에 앞서 '어떤 단점을 없앨까.'부터 궁리해야 한다고 했습니다.

실패한 일에서는 불필요한 것들을 제거해야 성공할 수 있다고 합니다.

이제는 가장 중요하다고 생각되는 일에 진력(盡力)하세요.

큰 가르침은 시대를 관통함은 물론이고 삶의 많은 영역을 두루두루 섭렵합니다.

중국의 지략가이자 모략가인 야율초재의 말을 다시금 되뇌여 봅니다.

"하나의 이익을 얻는 것이 하나의 해를 제거함만 못하고, 하나의 일을 만드는 것이 하나의 일을 없애는 것만 못하다."

후덥지근한 무더운 날씨가 일상생활을 힘들게 하지만, 이 또한 짜증스런 감정을 내려놓고 긍정적인 마인드를 갖고 감사하는 마음으로 받아드리면 어떨까요?

무더위에 건강관리 잘하시며, 편안한 마음으로 행복한 나날 보내시길 바랍니다.

생명이 자본이다

사람의 탈을 쓰고 '아들 시신 훼손 부모 현장 검증, 층간 소음 살해사건, 노부모 살해 50대, 남자관계 의심 부인 살해, 일가족 살해 후 투신 40대 가장, 묻지 마 살인' 등 어찌 이런 일들이 일어나고 있는지 마음이 아픕니다.

우리의 모습, 참 부끄럽고 서글픕니다. 이런 일들을 직면하며, 어떻게 살아가야 하는지, 삶의 의미에 대해 한없는 고뇌에 휩싸이게 됩니다.

'항상 귀를 기울이고 눈을 맑게 떠라, 깨어 있어야 바르게 살 수가 있다.'라고 되뇌어 봅니다..

인명 경시, 가족이 당신의 소유물이 아닙니다.

누구도 자신의 기분에 따라 폭력의 대상이 될 수 없고, 자신이 힘들다고 해서 주위 사람들과 가족까지 해치는 현상은 인간이기를 포기한 인격 파탄자의 전형입니다.

과연 이러한 행동으로 무엇을 얻을 수 있을까요?

물론, 세상을 살아가면서 여러 가지 어려움에 직면하고, 사람에게 상처받고, 모든 일이 뜻대로 안 되고, 자신도 밉고 주위가 다 싫어질 때도 있지요.

세상을 살면서 맘대로 되는 일보다 안 되는 일이 더 많습니다. 각자의 역할이 있기도 하고요.

'쓰레기도 버리는 사람과 치우는 사람, 욕심으로 빼앗는 사람과 주는 사람, 케어를 하는 사람과 받는 사람, 경제적으로 풍부한 사람과 어렵게 살아가는 사람' 등 각기 다른 여건에서 살아가고 있습니다.

우리는 매일 치열한 삶 속에서 사람답게 살아가는 법을 배워갑니다. 건건히 몇 수십 번을 곱씹으면서 사람의 도리를 배워갑니다.

'삶이 멈추면 배움도 멈추지만, 마찬가지 배움을 멈추면 삶도 멈출 수 있습니다.'

우리의 인생 어디로 가야 할까요.

이렇게 갈등과 번뇌 속에서 인생을 배우면서 터벅터벅 살아갈 수밖에 없는 것입니까?

오늘 조심스럽게 저 자신의 삶과 가정을 돌아봅니다. 저는 무엇으로 존재하고 어떻게 살아가야 하는지. 다큐멘터리 황제펭귄의 겨울나는 법 '허들링 전략.'을 보면서 눈을 감아봅니다.

부부펭귄이 새끼를 부화하기 위해 애쓰는 모습이 눈물겨웠습니다. 생명의 존귀함, 우리 서로에게 힘이되고 생각나는 사람으로 살 았으면 합니다.

적당히 걱정도 해주며 간혹 궁금해하기도 하며

무슨 고민으로 힘들게 사는지, 어디서 무엇을 하고 있는지, 아주 가끔은 생각나는 사람으로 살았으면 합니다.

그대가 있는 그곳에는 비가 오는지, 무슨 꽃이 피는지, 가장 힘들 때면 누가 많이 생각나는지, 보고 싶은 사람이 있을 때는 어떻게 하는지, 괜스레 서로 물어보고 싶어지도록 생각나는 사람으로 살았으면 합니다.

월급날은 작은 결실의 여유라는 이유로, 비 오는 날은 비 내린다는 이유로…… 우연히 무언가 익숙한 번호가 앞차 번호로 눈에 뜨일 때도 갑자기 그리운 사람으로 떠올릴 수 있도록 생각나는 사람으로 살고 싶습니다.

아마 내 몸이 아파 마음이 울적한 날이면, 나는 갑자기 더욱더 사무치는 그리움을 가슴에 담은 채로 그렇게 살아가겠습니다.

스치는 세상사에 많은 인연을 신이 주신 필연적인 만남이라 받아들이며 서로에게 문득문득 생각나는 사람으로 살았으면 좋겠습니다. 만약 이 글을 읽고 이렇게 부탁을 할 사람이 있다면 참 다행입니다.

이렇게 자연스레 생각나는 사람이 그대에게 있다면 그대는 참 행복한 삶을 살고 있는 겁니다.

그보다 더욱더 행복한 것은 그대가 누군가로부터 생각나는 사람으로 떠올려졌기에 그대는 지금 잘살고 있다는 겁니다.

작은 메시지 하나라도 누군가에게 받고 있다면, 그건 그대를 누군가가 생각하고 있다는 겁니다.

우정이란, 사랑이란, 산길과 같아서 매일 오고 가지 않으면 잡초가 무성해진답니다.

오늘도 그 첫날처럼.

소중한 인연

어제 아침에 일어나 창밖을 보니 앞산이 하얗게 눈이 덮여 있었습니다.

낮에는 요양원 정원에도 굵은 눈발이 휘날렸습니다.

'꽃피고 새우는 봄', 3월 중순인데도 완연한 봄이 오는 것을 시샘하는 것 같습니다.

성급하게 봄을 부르는 비가 내리더니 동장군님이 그냥 가기가 아쉬워 매서운 추위를 다시 부르고 있습니다. 그래도 머지않아 온 산야는 파릇파릇 푸름으로 가득하게 되겠지요.

우리는 자연의 변화에 순응하고, 끊임없이 사람을 만나고 또 헤어지고를 반복하며 살아갑니다. 이것을 '인연'이라고 하지요.

'인연' 중에는 고운 인연 소중한 인연도 있지만, 때로는 슬픈 인연 곱지 못한 악연도 있기 마련입니다. 그러나 그 인연을 서로가 어떻게 꾸려 가느냐가 무엇보다 중요하다고 생각됩니다.

저는 어쩔 수 없이 많은 어르신들을 떠나보내고 있습니다.

이 세상에서 마지막 함께한 인연이 아닐까 생각합니다.

누구나 고운 인연을 갖기를 원합니다. 그렇지 못한 인연, 그냥 스쳐 지나가는 인연도 많이 있습니다.

고운 인연 하나 만들기가 그렇게 쉽지가 않고, 또한 어렵지도 않은 것 같지만 그냥 되는 것은 아니라 여겨집니다. 그런데 어떤 이는 오래된 인연을 너무 소홀하게 생각합니다.

오래된 만남이라 시간이 지날수록 엷어지기도 하고, 처음 설렘 같은 것도 식어가기 마련이지만 생각해 보면, 참 어리석은 일이 아닐까요.

숙성된 포도주가 진한 향기를 품기 듯 오래된 인연은 눈빛만으로도 속내를 알 수 있고, 서로를 이해할 수 있는 진정 소중한 만남입니다.

새로운 인연이 설렘을 선물하기도 하지만, 지나고 나면 모두가 거기서 거기라는 걸 알게 됩니다. 오히려 오래된 인연보다 더 못한 경우도 많이 있습니다.

새로운 인연을 만들어 가는 것도 중요하지만, 오래된 인연 소홀히 하여 소중한 인연을 잃어버리는 어리석음을 범하지 말아야 할 것 같습니다. 귀한 인연이 한 번 발길을 돌리면 영영 돌아오지 않은 경우도 많으니까요.

소중한 친구

그리스 철학자 에피쿠로스(Epikours)는 '한 사람이 평생을 행복하게 살아가는 데 필요한 것 가운데 가장 위대한 것은 친구다.'라고 하였습니다.

주어진 삶을 멋지게 엮어가는 위대한 지혜는 우정(友情)이라는 것이지요. 신은 인간이 혼자서는 행복을 누릴 수 없도록 만들었습니다. 행복은 친구가 있는 사람만이 누릴 수 있는 특권입니다.

주위 사람들을 칭찬하고, 자신도 이웃과 친구에게 필요한 사람으로 살아야 인생(人生)이 훨씬 아름다워진다고 합니다.

부모와 자식, 친구, 스승 등 관계 속에서 우리 인간의 운명은 결정됩니다. 운명은 타고나는 것이 아니라 관계를 통해 만들어지는 것이지요. 특히 나이가 들어갈수록 마음을 알아주는 친구가 절대적으로 필요하다고 합니다. 장수의 비결은 좋은 친구들의 양(量)과 비례 한다고도 하고요.

누구나 관계 속에서 자신의 내면을 일깨우고, 운명을 개척하면, 어떠한 위기라도 극복할 에너지를 얻게 될 테니까요.

이제 조석으로 시원한 느낌의 바람이 불어오네요.

오늘은 내 주위에 친구들을 챙겨보시면 어떨까요?

그래서 친구가 좋아하는 정담도, 시원한 차라도 나누시며, 더위야 물렀거라.

무더위를 핑계로 그간 소원했던 우정을 챙겨보는 즐거운 주말 보내시길 바랍니다.

아버지가 자랑스럽겠구나

그의 아버지는 6·25전쟁에서 한쪽 눈을 잃고 팔다리를 다친 장애 2급 국가 유공자였다.

아버지는 그에게 반갑지 않은 이름이었다.

'병신의 아들'이라 놀리는 친구들 때문이었다.

가난은 그림자처럼 그를 둘러쌌다.

아버지는 아들에게 미안한 마음을 표현하고 싶을 때마다 술의 힘을 빌려 말했다.

'아들아 미안하다.'

이국종 교수의 이야기다.

그는 한 인터뷰에서 이렇게 말했다.

"중학교 때 축농증을 심하게 앓은 적이 있습니다.

치료를 받으려고 병원을 찾았는데 국가 유공자 의료복지카드를 내밀자 간호사들의 반응이 싸늘했습니다.

다른 병원에 가보라는 말을 들었고 몇몇 병원을 돌았지만, 문전박대를 당했습니다. 이런 일들을 겪으며 이 사회가 장애인과 그 가족들에게 얼마나 냉랭하고 비정한 곳인지 잘 알게 됐던 것 같습니다."

이야기는 거기에서 끝나지 않았다.

자신을 받아 줄 다른 병원을 찾던 중 그는 자기 삶을 바꿀 의사를 만나게 된다. '이학산'이라는 이름의 외과 의사였는데 그는 어린 이국종이 내민 의료복지카드를 보고는 이렇게 말했다. "아버지가 자랑스럽겠구나?" 그는 진료비도 받지 않고 정성껏 치료하곤 마음을 담아 이렇게 격려했다.

'열심히 공부해서 꼭 훌륭한 사람이 되어라'

그 한마디가 어린 이국종의 삶을 결정했다.

의사가 되어 가난한 사람을 돕자.

아픈 사람을 위해 봉사하며 살자.

그를 대표하는 삶의 원칙도 그때 탄생했다.

환자는 돈 낸 만큼이 아니라 아픈 만큼 치료받아야 한다. 어린 이국종이 내민 의료복지카드를 보며 '아버지가 자랑스럽겠구나?'라는 말을 한 의사가 없었다면 그는 우리가 아는 이국종이 될 수 없었을지도 모른다. 부끄럽다고 생각한 의료복지카드를 자랑스럽게 만들어 준 근사한 한마디가 세상을 아름답게 했다.

누군가 자신의 꿈을 말할 때 당신은 뭐라고 답해주는가?

"다 좋은데 그게 돈이 되겠니?"

"너 그거 하려고 대학 나왔니?"

"그거 아무도 알아주지 않는 일이야."

그런 말은 상대의 마음을 아프게 할 뿐이다.

이렇게 따뜻한 마음을 담아 호응하면 어떨까, 네 꿈 참 근사하다. 참 멋진 꿈을 가졌구나. 그런 꿈을 가진 네가 나는 참 자랑스럽다.

한 사람의 꿈은 그것을 지지하는 다른 한 사람에 의해 더 커지고 강해진다.

그 사람을 사랑한다면 그대가 그 한 사람이 되라.

-김종원 작가 글 옮김-

필자도 군(軍) 장교로 근무하다가 훈련 중 사고로 '국가유공자'가 되어 전역을 할 수밖에 없었습니다. 누구나 '자랑스러운 부모'가 되고 싶어 합니다. 그 영향을 받아서 인지 제 자녀들은 군인의 길을 동경하여 아들은 ROTC 55기 장교로 706특공여단에서 근무하다 올 6월 말 전역을 하였습니다. 지금은 119 구급대원을 꿈꾸며 시험 준비에 매진하고 있습니다. 또한 사랑하는 막내딸이 여군 장교의 길을 가기 위해 ROTC 60기 최종합격자 발표를 앞두고 있습니다.

제가 걸어온 길에 대한 아쉬움일까, 군 제복이 멋있어 군인의 길을 선택한 것인가, 그 마음은 정확하게 알 수는 없지만, 자녀들이 자신의 길을 정립해 가는 데는 힘찬 응원을 보냅니다. 특히 막내딸이 그 힘든 길을 간다고 하니 짠한 마음이 드는 것은 부모 된 마음이 아닌가 생각됩니다.

한때는 자녀들을 강하게 키워야겠다는 생각으로 엄(嚴)하게만 교육해 왔지만, 긍정적인 변화보다 부모님을 무서워하고 피하는 것만 같아서 언제부터인가 '지지와 격려'로 자녀들에게 기를 살려주기 위해 노력하고 있습니다.

'사랑한다.', '믿는다.', '다 잘 될 거야.', '도전해 보자.' 등으로 결과보다도 과정이 소중하기도 하니까, 최선을 다하고 결과를 받아들이자고 독려하고 있습니다.

"한마디 말이 한 사람의 삶을 바꿀 수 있다고 생각합니다."

오늘을 사는 것입니다

올해 들어와서 한달만에 우리 요양원에는 아홉 분의 어르신을 떠나보내야 했고, 부산을 비롯하여 타지역으로 세 곳이나 어르신 상가에 조문을 다녀왔어야 했습니다.

날씨 변화에 적응하지 못하고 전신 쇠약 어르신들이 소리 없이 우리 곁을 떠나가고 계십니다. 1년 365일, 24시간 언제나 긴장하며 근무해야 하는 요양원의 현주소입니다.

우리 어르신들은 전쟁의 폐허와 보릿고개의 궁핍함과 어려움을 해결하며, 오늘의 풍요로움을 있게 한 장본인들이십니다. 그런데 대한민국의 노인복지의 현주소는 OECD 국가 중 노인 빈곤율 1위, 노인 자살률 1위 등의 수치들이 우리를 부끄럽게 하고 있습니다.

1960~70년까지는 그렇게 당당하게 살아오셨던 어르신들이

이제는 노인충(老人蟲) 즉 틀딱충, 연금충이라고 비아냥거림의 대상이 되어 버렸습니다.

과연 이런 세태 풍조를 어떻게 받아 드려야 할까요. 우리 어르신들이 늙으면서 4가지 고통과(외로울 고, 무위 고, 빈 고, 병 고) 싸워야 한다고 생각됩니다.

이 모든 것을 해결할 수 있는 것이 소득 활동이 가능한 '소일거리'를 만들어 드려서 일을 하면서 무위와 외로움을 떨쳐내고 적지만 돈을 벌어서 병원에 갈 수 있어야 한다고 생각합니다.

요양원에서는 맞춤형 프로그램(Program)과 동(動)적인 케어를 통하여 잔존능력을 유지하게 하여 최대한 스스로 자신의 삶을 컨트롤 할 수 있는 존엄 케어를 실천해야 한다고 생각합니다.

'헬조선'이라고 국가를 조롱하는 청년들의 삶에서도 '최고의 선(善)'은 '일자리'라고 생각합니다.

우리 부모님들이 치매 등 노인성 질환으로 인해서 평생을 살아왔던 생활 터전을 떠나서 요양원에 오시게 됩니다. 이때 얼마나 상실감이 크실까 생각해 봅니다.

그중에서 가장 힘든 것은 그토록 사랑했던 '가족으로부터 버려졌다.'라고 느끼는 것이고, 더 절망적인 것은 누구로부터도 '사랑을 받지 못하고 있다.'라는 느낌이 드는 것입니다. 또한 평생 일궈왔던 재산 등 모든 것들을 내버려야 한다는 것입니다.

이런 우리 어르신들의 삶을 어떻게 받아들여야 할까요?
어떻게 하면 어르신들을 좀 더 존엄하게 모실 수 있을까?
좋은 방법에 대해 늘 고심하고 있습니다.

우리 살아가면서 제일 힘든 일 중 하나는, 사랑하는 사람의 이름을 불러도 대답이 없을 때라고 합니다. 우리 부모님들은 기다려 주지 않습니다.

오늘이 진실한 사랑을 줄 수 있는 마지막 날일 수도 있고, 사랑을 받을 수 있는 마지막 날, 일수도 있습니다.
세월이 가도 우리는 매일 '오늘을 사는 것'이라고 생각입니다.

친구의 종류

우리가 이 험난한 세상을 살아갈 때 친구보다 중요한 존재는 없다고 생각합니다. 친구를 부를 때 많은 표현이 있습니다.

고기와 물의 관계처럼 떼려야 뗄 수 없는 특별한 친구를 '수어지교(水魚之交)'라 하고, 서로 거역하지 않는 친구를 '막역지우(莫逆之友)'라 합니다. 금이나 난초와 같이 귀하고 향기로움을 풍기는 친구를 '금란지교(金蘭至交)'라 하고, 관중과 포숙의 사귐과 같이 허물없는 친구 사이를 '관포지교(管鮑之交)'라 합니다.

어릴 때부터 대나무밭에서 말을 타고 놀며 같이 자란 친구를 '죽마고우(竹馬故友)'라 하고, 친구 대신 목을 내주어도 좋을 친한 친구를 '문경지교(刎頸之交)'라 하고, 향기로운 풀인 지초와 난초 같은 친구는 '지란지교(芝蘭之交)'라고 합니다.

나에게는 어떤 친구가 있어서 이 험난한 세상을 헤쳐 갈까요?

친구 이야기를 할 때면 떠오르는 추사 김정희 선생의 이야기가 있습니다. 잘 나가던 추사 선생이 멀고도 먼 제주도에서 귀양살이 시절 유배되기 전에 그렇게 많던 친구들은 다 어디로 갔는지. 요즘도 그렇지만 잘 나갈 때는 그렇게 시끌벅적 모여 들더니 막상 귀양살이하니, 누구 한 사람 찾아주는 이가 없었다고 합니다. 그런데 추사에게 소식을 전한 이가 있었는데, 예전에 중국에 사절로 함께 간 이상적이라는 선비가 중국에서 많은 책을 구입 유배지인 제주도까지 보내 주었다고 합니다.

극도의 외로움과 어려움에 육체적 정신적으로 힘들어하던 추사에게 그의 우정은 엄청난 위로와 감동이 되었습니다. 추사는 둘 사이의 아름답고 절절한 우정을 한 폭의 그림에 담았습니다. 그것이 바로 너무도 유명한 '세한도'입니다. 날씨가 차가워지고 난 후에야 소나무의 푸름이 더 한다고 했던가요?

-인터넷 글 옮김-

잎이 무성한 여름에는 모든 나무가 푸르러 구분이 되지 않지만, 날씨가 차가워지는 겨울이 되면 상록수와 활엽수가 확연히 구분되듯 모름지기 친구 관계 또한 자연의 이치와 많이 닮은 구석이 있는 것 같습니다.

평상시 그렇게 많던 친구가 내가 힘들고 어려운 일에 직면하

면 모두 멀리하는 현상은 지금도 마찬가지라고 생각합니다. 좋은 친구가 우리가 이 험난한 세상을 살아가는데 진정한 자산이 아닐까 생각합니다. 오늘은 친구들의 모임 '광양 육삼회' 송년회가 있었습니다. 지역에 살고 있는 '63년생 친구들이 60여명 모여서 대소사를 챙기며 지역사회봉사 활동도 전개하고 있습니다. 벌써 30여 년이 다 되어 가는 모임입니다. 살결을 여미는 찬바람이 불어오네요. 날씨가 상당히 춥습니다. 이런 날에는 친구들과 함께 소주한잔 하며 정겨움을 나눠 보면 어떨까요.

자신의 관점

사람과 사람 사이에 생각과 마음을 주고받을 수 있는 유일한 것은 말입니다.

바르게, 사실대로, 진솔하게, 쉽게, 상대의 처지에 맞게 말하기도 어렵지만, 이렇게 말을 해도 사람들은 들을 때 자기 생각, 자기 방식, 자기 관점을 갖고 듣기 십상입니다. 그래서 본뜻이 왜곡되기가 쉽지요.

그러니까 말을 할 때는 바르게, 쉽게, 분명하게 하고, 들을 때는 있는 그대로 내 생각을 내려놓고 듣도록 노력해야 합니다. 그럴 때 뜻이 정확하게 전달이 돼요!

– 법륜의《붓다, 나를 흔들다》중에서 –

나는 '아(我)'라 말했는데 상대는 '어(齬)'로 알아듣습니다. 나는 '사랑한다' 말하고 있는데 상대방은 '미워 죽겠다'는 말로 이해합니다.

자기 생각, 자기 방식, 자기 관점에서 말하고 들으면 이 같은 '왜곡(歪曲)'은 끝도 없이 반복될 수 있습니다. 그렇기 때문에 내 생각을 내려놓고 상대방의 말을 있는 그대로 받아 드려야 합니다. '함께 느끼고 있다'라는 생각으로 공감해주고 이해해주고 수용해야 합니다.

우리 인간은 모두 존중받아야 하는 존재이기 때문에 함부로 판단하고 재단하지 말고 상대의 말을 끝까지 들어주는 것이 필요합니다.

이제부터는 '내' 생각을 좀 내려놓고 '네' 생각을 먼저 살펴보세요!

아니 더 나가서 '우리' 생각을 만들어 가보세요!

편견은 색안경과 같다

우리가 어떤 계기로 사람을 만날 때 가끔 선입견을 갖고 그 사람을 대할 때가 있습니다.

사소한 것을 보고 함부로 사람을 평가하고, 선불리 '이 사람은 이런 사람이구나.' 하고 편견을 갖게 하기도 합니다.

처음 가졌던 생각이 시간이 지나면서 판단의 오류도 느껴질 때까지 그 사람은 그런 사람으로 평가를 하게 됩니다.

'산 속에서는 나무를 볼 수 있지만, 전체의 숲을 보지 못한다.' 라고 합니다. 어느 정도의 거리를 두고 바라볼 때, 아름다운 숲 전체를 볼 수 있다는 것이지요.

다른 사람에 관한 판단이, 조급함으로 소중한 인연을 잃어버리는 것은 참으로 슬픈 일이 아닐까 싶습니다.

살아가면서 우리는 수많은 사람들을 만나게 됩니다. 그런 사람들과 좋은 인연을 맺기 위해서는 편견을 버려야 합니다.

사람을 판단하는 편견은 커다란 부분을 보지 못하게 하는 색안경과 같다고 생각됩니다. 빨간색이 들어가 있는 안경을 쓰면 세상은 모두 붉게 보이기 때문입니다. 인연에도 그대로를 인정하고 시간을 두고 가만히 지켜보는 지혜가 필요합니다.

조금 지나서 판단해도 늦지 않다고 생각합니다. 또한, 편견을 버리기 위해서는 사소한 부분까지 깊이 꿰뚫어 볼 수 있는 통찰력을 길러야 합니다.

나와의 다름을 인정하고, 옳고 그름을 함부로 단정하지 않아야 한다고 생각합니다.

인사(人事)가 만사(萬事)라고 합니다.

평상심(平常心)을 갖고 살아요

우리가 살면서 너무 잘하려고 애쓰다 보니 스트레스를 많이 받으며 살아가게 되는 것 같습니다.

어떤 일에 임하든 '꼭 참석해야 하고, 봉투도 해야 하고, 박수를 쳐야 하고, 한마디 해야 하는 것' 등의 체면치레 때문이 아닌가 생각합니다.

자신이 할 수 있는 여력에 맞도록 성심성의껏 하면 될 것을, 남의 이목 때문에 오버하는 삶을 살아가게 됨으로써 스트레스를 많이 받게 된다는 것이지요.

상대가 나를 생각하는 만큼만 해도 되는데, 더 잘하려고 하다 보니 힘들게 느껴지는 일이 있습니다.

서로에 대한 이해와 사랑, 배려도 마음이 우러나는 대로 자연스럽게 하면 되는데, 꼭 특별히 잘하려고 합니다. '남의 눈을 의식하며 살지 맙시다.' 타인은 이 바쁜 세상에 자기 일도 힘든데 남의 일에 크게 관심을 두고 갈 여유가 별로 없습니다.

네가 '힘들든지, 아프든지, 궁핍하든지' 별 관심이 없고, 자기 자신 일을 마음에 두고 살기에도 힘들다고 아우성입니다.

타인의 눈치 보며 스트레스 받지 말고, 평상심(平常心)으로 처신하고, 좀 편하게 생활하는 요령이 필요합니다. 자신이 좋아하는 사람들과 함께, 하고 싶은 일을 하면서 알콩달콩 살아갑시다. 우리네 인생은 짧습니다.

그냥 나에게 주어진 일에 충실하며, 나의 형편에 맞게 처신하며 살아가면 되는 것 같습니다. 타인의 평가에 크게 신경 쓰지 마세요.

그러나 어떤 일에서든 '역지사지(易地思之)' 하여 상대의 입장을 헤아려 주며 상처 주지 맙시다. 인간으로서 기본을 지키며 사람의 도리를 다하며 갑시다.

너무 잘하려고도 욕심부리지도 말고, 너무 부족 하지도 않게, 나의 능력에 맞게 적절한 처신을 하며 '중용(中庸)의 도(道)'를 지키며 지혜롭게 살아갔으면 합니다.

함께 가는 길

인생길 가노라면,
누구나 힘이 들고 지칠 때가 있습니다.
그 힘든 길 동반자가 있다면 조금은 위안이 되겠지요.

때로는 인생의 여정이 험난하여 포기하고 싶어질 때,
그대를 위해 동행하며 말벗 되는 친구,
잠시 힘내어야 할 때 어깨를 내어 주는 친구,
손 내밀어 주고 따뜻한 가슴으로 다가와 준 친구가 있다면 얼마나 좋을까요?

그대를 위해 무거운 짐 다 짊어지고 가더라도, 함께라면 웃음 머금고 불평하지 않는 걸음으로, 그 길을 동행하며 인생길 묵묵히 걸어가겠습니다.

서로 바라보고 웃을 수 있는 마음 있다면,

비바람 불고 눈보라가 몰아쳐도, 그대와 함께라면 거뜬히 헤쳐 나갈 것 갔습니다.

“인간관계를 지옥으로 만드는 방법은 가까이 있는 사람을 ‘미워’하는 것이고, 천국으로 만드는 것은 함께하는 사람을 ‘사랑’하는 것이다.”라고 합니다.

그것만으로도 참 좋은 동행이지요. 가끔 어두운 벼랑으로 떨어진다 해도, 그것이 우리의 길이라면, 다시 오를 수 있도록 주저함 없이 내 등을 내어 드리겠습니다.

같이 웃고 우는 인생길이라면, 서로를 아끼는 마음으로 뜨거운 눈물 한 방울 흘릴 수 있는 따뜻한 가슴 하나 간직하면, 그 삶이 행복한 우리의 삶이 되겠지요.

서로서로를 감싸 안는 사랑 하나 있으면, 함께 가는 인생길 서러운 것도 힘든 것도 헤쳐 나갈 수 있습니다. 우리 그 길을 함께 할 수 있으면 크나큰 행복이고, 좋은 인연 아닐는지요.

그렇게 살다가 ‘모두 감사했다. 모두 사랑한다.’ 그렇게 편안한 마음으로 피안의 언덕을 넘어가야지요.

오늘의 일상생활이 우리의 일생이 된다고 합니다.

'지금, 이 순간이 중요하고, 지금 함께하는 사람이 중요하고, 지금 함께하는 사람을 위해 유익한 일을 하는 것이 최고로 중요하다.'라고 합니다.

거센 비바람과 태풍이 불어와도, 폭염 무더위가 숨통을 막아도, 긍정적인 마음으로 여유를 부리며, 웃으면서 행복한 나날 만들어 가시길 바랍니다.

가을비가 내립니다

비가 내립니다.

"타는 목마름으로 가을비가 내립니다."

저수지 바닥이 쩍쩍 갈라지더니 가뭄을 해갈하기 위해 가을비가 옵니다.

재래시장 5일장, 옥실옥실 하다가 초장이 파장이라는 옥곡 장터에 찬바람 몰고 가을비가 내립니다.

새벽에 덜커덩 경운기 타고, 사발이 뒤 칸에 감 박스 싣고서 서로를 경쟁하며 위~윙 달려 왔습니다. 장터 앞 국지도 58호선 도로가에 좋은 자리 잡아서 얼마라도 더 팔아 보려고, 어제부터 빈 박스 줄 세워 놓고 새벽잠 설치며 얼굴도 못 닦고서 잰걸음으로 내달려온 어매들입니다.

그 속마음을 아는지 모르는지 야속하게 비가 옵니다.

아무도 비 가리개 준비도 못했는데, 얄궂게도 장터에 찬비가 하염없이 내립니다.

'동래 일기 예보' 한다고 야단법석이더만, 장터 바닥에 펼쳐놓은 농산물은 어찌하라고 속절없이 빗줄기는 더 굵어집니다.

누구도 원망할 줄 모르는 착한 농민의 마음은 어쩔 줄 모르고, 무심타 야속하게 하염없이 차가운 비를 마구 뿌려댑니다.

선량(善良)한 농군의 마음에는 언제나 단비가 내릴 것인지….

많이 참고 꾸준히 견뎌라

옛말에 '산을 오를 때는 비탈길을 견뎌야 하고, 눈길을 걸을 때는 위태로운 다리를 견뎌야 한다.'라고 했습니다.

요즘 자녀들을 한둘만 낳아 키웁니다. 군(軍)에서는 인사관리가 힘든 훈련보다 더 어렵다고 합니다.

크면서 형제간에 희생하고 양보하며 어려움을 이겨내는 참을성을 키우지 못했기 때문이 아닌가 생각합니다.

자기 생각과 차이가 있더라도 그것을 참고 받아들이는 수용력이 길러져 있지 않기 때문이라는 것이지요.

이렇게 참고 견디는 것을 인내(忍耐)라고 하며, 인내야말로 가슴에 희망을 품을 수 있는 고도의 기술이라고 생각합니다.

'반근착절(盤根錯節)'이라는 말이 있습니다. 비틀어져서 꼬불꼬불한 뿌리와 헝클어진 마디라는 뜻입니다. 그것에 부딪혀 보지 않고서는 날카로운 칼도 그 진가를 알 수 없다는 식으로 쓰입니다.

사람도 마찬가지로 반근착절 같은 곤란한 일을 겪어봐야 그 사람의 진면목을 알 수 있습니다. 만일 이 세상에 사람이 겪어야 할 고통이 없다면 세상은 온통 죽음으로 가라앉을지도 모릅니다.

아픈 자리에 고통을 주지 않으면 어디가 어떻게 아픈지 모를 것이고, 설령 안다고 해도 고치려 애쓰지 않을 것이기 때문입니다.

성서의 말씀은 "환난은 인내를, 인내는 단련을, 단련은 소망을 이루는 것"이라고 가르쳐 주고 있습니다. 그래서 어떤 일을 하든 참을 수 있는 사람은 무슨 일이든 해낼 수 있는 용기와 지혜를 갖춘 셈이지요.

정신이 육체가 바라는 바를 이겨나가야 합니다.

천재(天材)도, 병을 이기는 사람도, 인내심이 보통 이상인 사람에 불과하다는 사실을 깨달아 많이 참고 꾸준히 견디어 소망을 이루시길 바랍니다.

당신의 삶 속에 성공이 깃들길 기원합니다.

4 인생을 찾아서

FOLLOW •••

♥ 0000 likes

#겨울나무 #내가 살아가는 이유 #그윽한 삶의 향기 #길을 찾아서
#김치와 우리 인생 #내려감의 교훈 #당신은 살아갈 이유가 있다
#대장부의 길 #마음 고치기 힘든 사람 #사람을 움직이는 동력
#습비성시(習非成是) #시간(TIME) #'싸가지가 없다'의 유래
#삶과 죽음에 대하여 #우리네 인생(人生) #유생무생(有生無生)
#죽음을 앞둔 사람들에겐 다섯 가지 공통된 후회 #책 읽는 사람들
#최선을 다하는 삶

겨울나무

나무가 자신의 옷을 다 벗지 않으면 겨울에 내리는 눈을 떠안고 서 있지를 못한다고 합니다. 옷을 벗어 가볍게 자신을 비워 놓아야 눈의 무게를 이기고 버텨낼 수 있습니다. 잎이 많이 붙어 있다면, 그 넓은 잎에 앉은 눈의 무게를 감당하지 못해 가지도 줄기가 부러지고 맙니다.

-이우성의 『정말 소중한 것은 한 뼘 곁에 있다』 중에서-

우리가 어깨동무하며 살아가는 주변에도 자연의 섭리에 순응하며 옷을 벗은 겨울나무가 많이 있네요.

모두들 맨몸으로 산야(山野)를 지키고 있습니다.

'두려워 말고 내려놓으라.' 그래야 꽃피고 새우는 봄을 기다릴 수 있다고 말하는 듯합니다. 우리도 어느 때는 모든 것을 벗어 버리고 완전히 내려놓는 지혜가 필요할 것 같습니다.

그래야 상처받은 우리의 삶에도 새싹이 돋고 꽃이 다시 피게 될 것 같습니다.

인고(忍苦)의 세월을 버티고 이기면, 봄볕 같은 따뜻함이 우리의 얼굴에 사뿐히 내리 앉게 될 테니까요.

어제는 삶의 현장에서 어떻게 보내셨습니까? 매일매일 치열한 하루의 일터가 되었을 것 같습니다. 이제 또 오늘 그 자리에서 치열하게 살아가야 할 것 같습니다.

우리의 삶 '방하착 착득거(放下着 着得去)' 무엇을 내려놓고 어떤 것은 짊어지고 가야 할 것인지, 선택의 연속이라고 생각합니다.

그러나 항상 잊지 마세요.

'돈을 잃은 것은 조금, 명예를 잃은 것은 많이, 건강을 잃은 것은 전부를 잃어버리는 것이다.'

겨울나무처럼 자연의 섭리에 순응하며 욕심을 비우고 살아가야 합니다. 오늘은 대체로 맑지만, 오후부터는 다시 한파가 이어진다고 합니다.

추운 날씨에 건강관리 잘하시며…… 즐거운 행복한 주말 보내시길 바랍니다.

내가 살아가는 이유

누구나 지신의 삶에 대해 많은 생각을 하며 살아갑니다, "나는 누구인가? 어디에서 왔고 어떻게 살다가 어디로 갈 것인가? 내가 오늘을 살아가고 있는 '존재의 이유'는 무엇인가?" 등의 의문을 던지며 답을 찾아가고 있다고 생각합니다.

제가 오늘을 살아가는 이유는 주변 이들에게 좋은 인연이 되는 것, 나의 만남을 기쁘게 생각하는 사람으로 살아가고 싶습니다. 그런 사람으로 살아갈 수 있었으면 좋겠습니다. 현명한 이에게 존경을 받고, 주위사람들에게 웃음을 줄 수 있고, 아이들에게서 사랑을 주고받을 수 있는 사람으로 살았으면 합니다.

정직한 비평가의 찬사를 듣고, 친구의 배반을 참아낼 줄 알고, 현명함으로 옳고 그름을 가릴 줄 알고, 진정한 예술적 아름다움을 식별할 줄 아는 그런 사람이면 좋겠습니다. 사람이 사람에게서 위로받으며 더불어 걸어가는 것이라 생각합니다.

오늘을 살아가는 우리의 삶은 후손들에게 빌려서 살아 가고 있습니다. 이 세상을 좀 더 아름답게 물려주어야 합니다. 건강한 아이들의 건실한 어른이 되도록 하는 것, 땅 한 뙈기의 정원을 아름답게 가꾸어 주는 것, 작은 실천으로 우리의 환경을 개선해가는 그런 사람이고 싶습니다.

자신이 없는 것은 그대로 보존하여 오롯이 물려주었으면 좋겠습니다.

내가 태어나기 전보다 세상을 조금이라도 살기 좋은 곳으로 만들어 놓고 떠나가는 것,

내 자신이 한때 이곳에 살았음으로 해서 단 한 사람의 인생이라도 행복하게 하는 것,

이것이 진정 내가 살아가는 이유이고 싶습니다.

그윽한 삶의 향기

소중한 인연으로 언제나 흐르는 강물처럼 변함없는 모습으로 따뜻한 마음 나눌 수 있기를 소망합니다.

삶의 여정에서 지치고 힘들 때 서로 배려하고 위로하는 마음으로 사랑과 정이 넘치는 우리들의 만남이 되었으면 좋겠습니다.

언제나 좋은 생각, 푸른 마음으로 아픈 마음까지도 함께하고, 배려하고 위로하면서 서로의 마음속에 깊이 남겨지기를 바랍니다.

사람의 관계에는 기다림이 필요하다고 합니다. 무엇이든 쉽게 단정하지 말고, 쉽게 속단하지도 말며 기다려주는 여유로운 마음이 필요합니다.

관계에서 기다림보다 더 큰 관계의 줄은 없다고 합니다. 대개의 관계가 끊어지는 것은 성급함 때문이라고 합니다.

예를 들어서 어린 아이가 양손에 사과 두개를 가지고 있었습니다. 엄마가 사과 한개는 나눠 먹자고 했습니다. 그러자 아이는 양손의 사과를 차례로 베어 먹어 버렸습니다. '욕심 때문 일까요?' 아닙니다. '엄마 이 사과가 훨씬 달아요!' 맛있는 사과를 엄마에게 드리기 위한 착한 마음이었습니다. 만약 엄마가 기다리지 못하고 '너 왜 그렇게 욕심이 많니?' 했다면 그 아이의 마음은 얼마나 큰 상처가 되었을까요. 그렇습니다.

우리는 너무 급하게 판단하고, 쉽게 말하고, 행동하여 상대에게 상처를 주는 경우가 많이 있었습니다.

기다림을 통해 자신을 돌아보게 되고, 상대에 대한 시야를 넓혀주기 때문에 그냥 기다림이 아니라 합니다. 기다림의 마음을 가져 본 사람은 관계 그 이후에도 미움이 없다고 합니다. 기다림은 이미 모든 것을 다 받아들이겠다는 넓은 마음의 표현이기 때문입니다.

살다 보면 관계가 끊어지는 순간들이 여러 번 있습니다.

살아간다는 것은 상처와 상처가 만나서 그 상처를 비비면서 익어가는 것이라고 생각합니다.

그러나 중요한 것은 관계가 끊어지는 것이 아니라, 기다림 한 번 없이 그냥 끝내 버리는 자신의 조급함에 있다고 생각합니다.

조급하지 말기,
그리고 조용하게 기다리기,
이것이 배려하는 사람들의 아름다운 모습이라고 합니다.

어떠한 만남과 이별도 기다림 속에서의 자신을 돌아보는 계기가 되는 것 같습니다. 언제나 어디서나 서로 사랑, 배려, 존중하는 것만큼 아름다운 길이 없다는 것을 알고, 우리 모두 늘 그 길을 걸어갔으면 좋겠습니다.

길을 찾아서

우리네 인생은 정처 없이 떠나는 '나그네 길' 인생이라고 합니다.

'휙' 하고 지나가면, 다시는 되돌아올 수 없는 편도 여행길이라는 것이지요.
어디에서 왔다가 어디로 가는지 알 수는 없지만, 다들 최선을 다해 달려가고 있습니다.

다들 열심히 살아가면서 가끔은 잃고 헤매기도 하고 넘어져 아파하기도 하면서 말입니다. 그냥 포기할 수 없어 뚜벅이 걸음으로 정처 없이 걸어가야 합니다.

인생길 힘들고 외로울 때 누가 손 내밀어 줄까요? 하늘의 별을 보며 동서남북을 찾아 갈까요?

산에서는 나뭇가지 우거짐을 보고, 바다에서는 항법장치에 의지하고, 차 안에서는 내비게이션이 시키는 대로 목적지를 향해 가면 될까요?

우리의 인생길은 무엇으로 답을 찾아갈까요?
책에서나 길을 찾을 수 있을까요?
스승님이 찾아줄까? 부모 형제나 친구가 찾아 줄까요?

우리네 인생길이 아무리 어렵고 힘들지라도 스스로 담대하게 헤쳐가야 하는 것이 아닐까 생각합니다. '승자(勝者)는 새벽을 깨우고, 패자(敗者)는 새벽을 기다린다.'라고 합니다.

평생을 그렇게 열심히 살아왔는데, 모든 것을 내려놓고 떠나야 할 때, '모두 감사하다' 편안한 하직 인사가 가능할 수 있을까요?

어제 또 어르신 한 분을 떠나보내고, 이 밤에 잠 못 이루고 길을 찾아 헤매지만, 누구와 함께 어디서 답을 찾아갈거나 싶습니다.

한 번 주어진 삶이니 '후회 없이 원 없이' 살아가야 하고, 좀 더 의미 있는 삶을 위해 무엇을 짊어지고, 어떤 것을 내려놓고 뚜벅뚜벅 걸어가야 할까 생각합니다.

◇ 한시(漢詩) ◇

世事如舟掛短篷 세사여주괘단봉
或移西岸或移東 혹이서안혹이동
幾回缺月還圓月 기회결월환원월
數陣南風又北風 수진남풍우북풍
歲久人無千日好 세구인무천일호
春深花有幾時紅 춘심화유기시홍
是非入耳君須忍 시비입이군수인
半作痴呆半作聾 반작치매반작롱

세상일 마치 짧은 돛 걸어놓은 배와 같아,
어느 때는 서쪽 언덕으로 가고, 어느 때는 동쪽 언덕으로 가네
몇 번이나 이지러진 달이 둥근 달 되었으며,
남쪽에서 바람 불고 또 북쪽에서 바람이 불길 몇 차례던가
세월 흘러가니 사람은 항상 좋은 때가 없으며,
봄 깊었으니 꽃이 또 몇 번이나 더 붉으랴
옳으니 그르니 하는 말들 귀에 들려도 그대 반드시 참아야 하나니

어리석은 듯 귀머거리인 듯

우리의 인생길에는 늘 살맛나지는 않습니다. 실망과 손실, 후회가 동행해서 가는 것 같습니다.

하루의 삶을 살더라도 자신의 꿈을 실현하며, 건강하고 행복하게 자신이 가진 에너지를 모두 태우는 멋진 삶을 기대합니다.

김치와 우리 인생

맛있는 김치가 만들어지기 위해서는 배추가 다섯 번이나 죽어야 한다고 합니다.

땅에서 뽑힐 때 한 번 죽고, 배추통이 갈라지면서 또 죽고, 소금에 절여질 때 다시 죽고, 매운 고추와 짠 젓갈에 범벅돼서 또 다시 죽고, 마지막으로 장독에 담겨 땅에 묻히면서 죽어야 합니다. 그래야 제대로 된 김치 맛을 낼 수 있다고 것이지요.

우리의 인생은 어떻습니까?

다른 사람들과 공존하는 삶 속에서 김치처럼 풍부하고 맛있는 숙성된 삶을 살아가기 위해서는 어떠한 삶이 필요할까요?

'욱' 하고 솟구치는 성질을 죽여야 하고, 자기만의 외고집을 죽여야 하고, 남에 대한 삐딱한 편견과 고정 관념도 죽여야 한답니다. 또한 자기만의 욕심을 차리기 위해 남을 배려하지 않는 이기심도 죽여야 합니다.

나(Me)라는 혼자가 아니라 우리(We)라는 생각으로 서로 조금씩 양보하여 win-win 하며 살아가야 하는 세상이라는 것이지요. 그래야 서로 밝은 유대관계가 지속하고, 즐겁고 행복한 삶이 이뤄지리라 생각합니다.

맛있는 김치가 서서히 숙성되어 우리의 입을 즐겁게 하고 우리 몸을 건강하게 만들어 주듯이 우리의 삶도 이렇게 숙성시켜 풍부한 맛이 물어 날 수 있도록 겸허한 삶을 살아가야 할 것 같습니다. 서로를 배려하고 이해하며 서로 소통하면서 즐거운 삶을 살아가자는 것이지요.

요즘 무더위로 불쾌지수가 높고, 야간 열대야 때문에 다들 컨디션 관리가 어렵다고 하네요.

그래도 조금 더 여유를 가지며 '역지사지(易地思之)'로 상대를 배려하는 편안한 한 주 만들어 갔으면 좋겠습니다.

내려감의 교훈

한 없이 치솟던 폭염의 기세도 자연의 섭리 앞에 꼬리를 내리고, 시원한 아침 찬바람이 불어옵니다. 이제 가을이 오려나 봅니다. 자연의 섭리 앞에 우리 인간은 너무도 미약하다는 것을 느끼게 됩니다.

우리 인간의 힘이 자연 앞에 얼마나 미약하고 무력한가를 배워갑니다.

진정한 성공은 누가 더 빨리 올라가느냐에 있지 않고 잘 내려오는 데 있다는 사실도, 잘 내려오지 못하면 이전보다 더 높이 올라갈 수 없다는 사실을 알았습니다.

비행기도 이륙할 때보다는 착륙할 때 사고가 자주 나고, 등반하는 사람들도 정상 정복할 때보다는 하산할 때 사고가 자주 난다는 사실을 알았습니다. -인터넷 글-

고은 시인의 '올라갈 때 보지 못한 그 꽃 내려갈 때 보았네!' 의미처럼, 허둥지둥 올라가느라 보이지 않았던 꽃이 여유를 갖고 내려올 때 주변을 살펴보니 지천에 행복하게 널려 있음을 알았습니다.

실개천으로 흘러서 시냇물이 되고, 강물을 지나 바다로 흐른다는 것을, '낮은 곳으로 임하소서! 그렇게 흘러 흘러서 세상에서 가장 낮은 곳인 바다로 모인다는 사실'을 나는 알았습니다.

바다가 바다인 이유는 세상의 모든 물을 다 받아 주기 때문이라 합니다. 세상의 모든 물을 다 받아주기 위해서는 세상에서 가장 낮은 곳에 임해야 합니다. 가장 낮은 곳에 모인 바닷물은 수증기로 변신한 다음 세상의 가장 높은 곳에서 뭉게구름 되어 다시 비가 되고 눈보라가 되어 땅으로 스며들어 물이 된다는 사실을 나는 알았습니다.

저는 배웠습니다.

삶에는 오르막이 있으면 내리막이 있고, 내리막으로 밑바닥까지 내려가는 사람은 때가 되면 다시 바닥을 치고 올라간다는 사실을 알았습니다. 그래서 삶은 오르락(樂) 내리락(樂) 한다는 사실을 알았습니다.

저는 배웠습니다.

나의 아픔의 경험이 다른 사람의 아픔을 가슴으로 이해하게 된다는 사실도 알았습니다.

사랑하는 당신이여.

"네 영혼이 잘 됨 같이, 네가 범사에 잘 되고 강건하기를 내가 간구하노라" 오늘도 물처럼 '상선약수(上善若水)', 자신을 비우고 낮은 데로 가는 지혜로운 맘으로 행복한 하루 보내시길 기원합니다.

당신은 살아갈 이유가 있다

실패한 사람이 모두 어리석은 것은 아니다.

본의 아니게 실패를 하고 자신과 타인을 난처한 상황에 몰아넣었음에도 불구하고, 속죄하지 않는 사람이나, 실패한 후 진지하게 타개책을 고민하지 않고 타인을 원망하거나, 추세에 의지하려는 사람이 진정 어리석은 사람이다.

사회는 신뢰를 바탕으로 이루어진다.

그렇기에 신뢰가 없으면 인간관계도 성립되지 않는다. 즉 다른 사람에게 신뢰를 얻지 못하면 이 세상을 살아갈 자격이 없는 것이다. 그러나 단 한 명이라도 자신을 믿어 주는 사람이 있다면, 그것만으로도 당신은 살아갈 자격이 있다.

-이상, 논어(論語) 중에서-

어쩌다가 내가 상대방의 마음을 아프게 하고, 상대방이 힘들어하는 잘못을 저질렀을지라도 그것을 깨닫고 상대방에게 자

신의 잘못을 바로 인정하고, 신뢰를 회복하기 위해서 애쓰는 모습을 보여주어야 합니다.

상처를 입은 상대방은 물론 이를 바라보는 사람들이 비난하기 보다는 오히려 위로하고 격려를 보냅니다.

하지만 상대방은 분명히 자신 때문에 상처받고 아파하는데도 이를 부인하고 감추려고만 한다면, 자신을 누구도 신뢰하지 않을 것이고 이 땅 가운데 그 사람이 설 자리는 없어질 것입니다.

믿음과 신뢰를 잃어버리는 것은 천금을 잃은 것보다, 더 애통한 일이기 때문에 자신을 믿어주고 신뢰하는 사람에게 상처를 주고, 마음 아프게 했다면, 즉시 사과하고 용서를 구하며 더 큰 믿음을 주기 위해서 노력을 해야 합니다.

그리고 다시는 그러한 일로 상대방을 아프게 하거나 실망을 주는 일이 없도록 항상 몸과 마음을 가다듬어야 하겠습니다.

오늘은 9월의 마지막 주말입니다. 전국적으로 구름이 많고 태풍 '짜미'의 간접 영향으로 파도가 높게 일고, 일부 지역에는 비가 온다고 합니다. 바쁘게 지나간 한 달이 아니었나 생각됩니다. '쉼', '힐링' 하는 편안한 휴일 보내시기 바랍니다.

대장부의 길

대장부(大丈夫)란 큰 남자라는 말로 참으로 남자다운 남자를 가리키는 말입니다.

맹자에 의하면 '대장부는 천하에 큰 뜻을 품고, 그것을 이루기 위해 시속에 굴하지 않고, 꾸준히 노력하는 사람이며, 뜻을 이룬 후에도 교만하지 않고, 뜻을 이루지 못하더라도 비굴하지 않은 사람이다.'라고 말합니다.

불교의 '잡아함경(雜阿含經)'에서 말하는 진정한 대장부란 집착을 여의고 해탈을 성취한 사람이라고 합니다.

'과거의 그것들을 아쉬워하지 않고, 미래의 그것을 바라지 않으며, 현재의 그것들을 싫어하여 욕심을 떨쳐버리고 번뇌를 없애고자 한다.' 만유는 끊임없이 생멸 변화한다는 원리이지요.

법구경에서 '싸움터에서 수천 명을 이긴 사람보다 자기 자신을 이긴 사람이 가장 위대한 승리자.'라고 가르침을 줍니다.

인생에 있어서 가장 중요한 문제는 남을 의식하고 남이 평가하는 것이 아니라 자신에게 직면한 실존적인 문제를 해결하는 삶이어야 하는 것이 아닐까요?

밖으로 시선을 돌리고 남들이 보는 평가에 너무 예민하게 반응하고 전전긍긍하면, 자기도 모르게 남이 하는 대로 따라가는 주체성 없는 생활이 되는 것으로 생각합니다.

당신은 진정한 자기의 삶이 아니라 혹여 남의 삶에 길들여져 가는 것은 아닐까 생각합니다.

자기 자신을 속이고, 남에게 지기 싫어 고집을 부리는 사람, 남의 흉내나 내는 못난 '졸장부'로 살지는 말아야지요.

당신은 그 시선을 안으로 돌려 자신의 핵심 문제를 들여다보고, 욕망과 집착을 제거하고 교만하지 않은 진정한 대장부로 살아갔으면 합니다.

오늘 광양시의정동우회에서 목포에 다녀왔습니다. 세월호 참사가 일어난 지 벌써 5년이 지났지만, 가족들의 아픔은 해결되지 않고 있습니다. 부두에 올라 있는 세월호의 흉물스러운 모습이 우리 안전의 현주소가 아닌가 생각됩니다.

세월호 참사는 우리 사회의 모든 시스템이 붕괴한 사고로서 성장 중심, 소득 중심, 탐욕이 지배하는 기업 문화를 성찰해보는 계기로 삼아야 할 것 같습니다.

좀 더 안전하고 살맛나는 세상이 되었으면 좋겠습니다.

마음 고치기 힘든 사람

우리 삶은 관계 속에서 살아갑니다. 어느 때는 실수도 하고, 잘못된 욕심도 부리면서 살아가기도 합니다.

그럴 때 자신의 양심은 알고 있으며, 그 욕심을 내려놓고 가야 마음이 편해지는 것 같습니다.

우리가 살아가면서 '얼굴을 펴면 인상이 달라지고, 가슴을 펴면 인물이 달라지고, 생각을 펴면 인생이 달라진다.'라고 합니다. 찌푸리고, 웅크리고, 접지만 않아도 우리의 인생은 기본적인 삶을 살아갈 수 있다고 합니다.

그러나 마음 고치기 힘든 다섯 종류의 사람이 있다고 합니다. "아첨하는 사람, 간사한 사람, 입이 험한 사람, 질투심이 강한 사람 그리고 은혜를 모르는 사람."이라고 하네요. 이런 사람은 남을 배려하지 않고, 일방적으로 자신의 이익만을 생각하는 사람입니다.

남이야 죽든 말든 자기만 잘되면 그만이라는 오직 나의 욕심과 아집으로 살아가는 사람, 주변 사람들을 힘들게 하고 가슴을 아프게 만드는 나쁜 사람이라고 생각합니다.

자신은 살만한 여유가 있으면서도 더 큰 욕심을 위해서 자기보다 어려운 사람을 이용하고 힘들게 하는 나쁜 사람입니다. 건전한 생각을 행동으로 옮기는 사람이 건강한 삶을 사는 좋은 사람입니다.

'공자'께서 좋은 사람의 조건 네 가지를 말씀하셨습니다. '물증 없이 미리 억측하지 않기, 나만이 절대 옳다 하지 않기, 고집을 부리지 않기, 자기를 앞세우는(공치사) 일을 하지 않기', 이 네 가지를 경계해야 한다고 하셨습니다.

우리 모두 세상에 복이 되는 사람으로, 누가 봐도 좋은 느낌이 드는 사람으로, 침묵이 흘러도 어색하지 않고 입을 열면 정겨움이 느껴지는 사람으로, 살아갈 수 있었으면 좋겠습니다.

그저 같은 생각으로 시공간을 함께하며, 서로의 마음을 공유할 수 있는 것만으로 기쁨을 주며, 언제나 느낌이 좋은 사람이 바로 당신입니다.

오늘이 '호국보훈의 달' 6월의 마지막 토요일입니다. 태풍 전야, 제7호 태풍 '쁘라삐룬'의 영향으로 강풍을 동반한 많은 장맛비가 쏟아진다고 합니다.

태풍 피해 없도록 미리 준비가 필요할 것 같습니다.

사람을 움직이는 동력

서양의 고전 이론에 의하면 인간을 움직이는 동력은 욕망, 이성, 시모스 이 세 가지라고 합니다.

인간은 욕망을 채우기 위해 경제활동을 한다고 합니다.

배고픔을 채우려는 욕망 때문에 사람들은 생산 활동을 하고, 물물교환을 하고 그런 욕망을 효과적으로 충족하기 위해서는 이성의 도움이 필요하다는 것이지요.

과학 기술의 발달은 인간의 이성으로 이룩한 찬란한 업적이라 할 수 있지만, 인간은 욕망과 이성만으로는 결코 살아갈 수가 없는 것이지요.

플라톤이 말하는 시모스(thymos)가 있어야 한다고 합니다. 만약 인간에게 개처럼 엎드려서 음식을 먹으라고 하면 아무리 배가 고파도 차라리 굶는 것을 택할 수 있을 것입니다. 이런 자존심을 바로 시모스라 하고, 이성을 머리라고 한다면 시모스는 가슴에 해당한다고 할 수 있습니다.

동양의 전통 사상에서는 욕망이나 이성과는 다른 제3의 영역을 중시해 왔습니다. 그것을 우리는 기(氣)라고 부르는데 상황에 따라 패기, 의기, 호기 등 다양한 형태로 나타나게 되고, 우리나라 사람들은 일상생활에서 이러한 기를 매우 중요하게 생각했습니다.

물론 기(氣)가 부정적으로 나타나면 오기, 객기, 독기 등으로 변해 해를 끼칠 수도 있지만, 이것을 지혜롭게 사용하면 인간 생활에 큰 도움을 줄 수 있는 것입니다.

자존심도 기가 발현되어 생기는 하나의 마음가짐입니다. 스스로를 우수하고 잘난 사람이라는 믿음을 갖는다면 실제로 자신이 가진 것보다 더욱 뛰어난 실력을 발휘하게 되고, 이처럼 긍정적으로 기를 사용하면 자기 발전에 큰 도움이 된다고 합니다.

자존심이 높은 사람을 흔히 콧대가 세다고 말하기도 하지만,

그런 사람은 누구도 함부로 대하지 못하게 되고, 그 자존심은 가슴 깊숙이 숨겨두고 쉽사리 나타내지 않는다고 합니다.

잘난 체하고 으스대는 사람은 진정한 자존심을 가진 사람이라 할 수 없고, 그런 사람을 우리는 공주병이나 왕자병에 걸렸다고 놀려대는데 사실 그들은 자신의 열등감을 감추기 위해 그렇게 위장한 것일 뿐입니다.

진정한 자존심을 지닌 사람은 결코 잘난 체하지 않지만 일을 할 때는 남이 흉내 내지 못할 큰 힘을 발휘한다고 합니다.

이런 사람은 겸손하고 유순해 보이지만 남들이 함부로 대하지 못하는 기가 가슴 속에 숨겨 있는 것이며, 이런 사람이 바로 높은 자존심을 가진 사람이고, 세상을 소리 없이 움직이는 사람이라고 생각합니다.

습비성시(習非成是)

중국 고전의 풍부하고 다채로운 고사성어들이 심오한 의미를 담고 있어 우리의 삶의 지혜를 일깨워 줍니다.

'옳지 못한 것도 습관이 되면, 옳은 것이 된다.' 라는 습시성시(習非成是)는 법언 학행에 나오는 구절입니다.

인간의 언행은 반복되면 일정한 패턴이 생기고 몸에 배면 습관이 된다는 것이지요.

옳지 못한 것도 계속 반복되어 습관이 되고, 옳은 것을 이기는데, 하물며 옳은 것이 몸에 배면 옳지 않은 것을 이기는 것이야. 말해서 무엇 하겠습니까.

문제는 옳지 않고 나쁜 것에 익숙해지면 그것을 옳고 좋은 것으로 생각하는 것입니다.

개인의 습관도, 조직의 운영도, 나라의 정책도 마찬가지입니다.

한 번 몸에 배면 고치기 힘들고 버리기 힘든 것이 습관이 됩니다.

고정관념도 그렇고, 큰일을 하는 사람일수록 이런 것들에 주의해야 한다고 생각합니다.

어떤 단체, 지역사회, 국가도 '양화(良貨)가 악화(惡貨)를 구축한다.' ,즉 좋은 돈이 나쁜 돈을 내몰 수 있어야 바람직한 모습으로 우리 사회가 발전할 수 있지요.

이 사회가 한 발 더 발전하기 위해서는 옳은 생각과 바른 행동으로 그 조직을 긍정적인 방향으로 이끌어 가야 합니다.

열심보다 중요한 것이 방향이라는 말이 있듯이, 정확한 방법과 노력이 동반된다면 금상첨화(錦上添花)가 되지 않을까요?

시간 (TIME)

인생의 스승은 책이나 그 무엇이라고 생각했는데, 살아 갈수록 그게 아니란 생각이 듭니다. '언제나 나를 가르치는 건, 말없이 흐르는 시간이었던 것 같습니다.'

풀리지 않는 일에 대한 정답도 흐르는 시간 속에서 찾게 되었고, 이해하기 어려운 사랑의 메시지도 거짓 없는 시간을 통해서 찾았습니다.

언제부터인가 흐르는 시간을 통해 삶의 정답을 찾아가고 있습니다.

'이 또한, 지나가리라'

슬픔도 괴로움도, 주체할 수 없는 기쁨도 이 또한 지나갑니다.

시간은 언제나 우리에게 스승입니다.

어제의 시간은 오늘의 스승이었고,

오늘의 시간은 내일의 스승이 될 것 입니다.
우리가 보낸 시간들 속에,
가장 낭비하는 시간은 방황하는 시간이고,
가장 교만한 시간은 남을 깔보는 시간이고,
가장 자유로운 시간은 규칙적인 시간이고,
가장 통쾌한 시간은 승리하는 시간이었습니다.

가장 지루한 시간은 기다리는 시간이고,
가장 서운한 시간은 이별하는 시간이고,
가장 겸손한 시간은 분수에 맞게 행동하는 시간이고,
가장 비굴한 시간은 자기변명을 늘어놓는 시간이었고,
가장 불쌍한 시간은 구걸하는 시간이고,
가장 가치 있는 시간은 최선을 다한 시간이고,
가장 현명한 시간은 위기를 슬기롭게 극복한 시간이었습니다.

가장 분한 시간은 모욕을 당한 순간이고,
가장 뿌듯한 시간은 성공한 시간이고,
가장 달콤한 시간은 일한 뒤 휴식 시간이고,
가장 즐거운 시간은 노래 부르며 즐겁게 놀던 시간이었고,
가장 아름다운 시간은 사랑하는 시간이었습니다.

속절없이 흘러간 세월 속에서 지금 서 있는 이 자리가 나의 현주소지이고, 지나간 시간은 다시는 돌아올 수 없고, 오늘 이 시간도 쏜살같이 지나가지만 내일의 의미있는 시간을 위해 오늘 이 순간을 알차게 살아가려 합니다.

좋은 계절 가을 만끽하며, 간의 소중함을 알고, 서로들 위하고, 많이 사랑하며 행복한 시간 보냈으면 합니다.

'싸가지가 없다' 의 유래

'싸가지가 없다.'라는 말이 있습니다.

싸가지가 무엇을 말하는 것일까요.

읽어 보시고, 싸가지가 있도록 노력하며 살아갑시다.

한양도성을 건립할 때 인간이 갖춰야 할 덕목(德目)에 따라,

동대문은 '인(仁)'을 일으키는 문이라 해서 흥인지문(興仁之門),

서대문은 '의(義)'를 두텁게 갈고 닦는 문이라 해서 돈의문(敦義門)이고,

남대문은 '예(禮)'를 숭상하는 문이라 해서 숭례문(崇禮門),

북문은 '지(智)'를 넓히는 문이라 해서 홍지문(弘智門)이라 했습니다.

그리고 그 중심에 가운데를 뜻하는 '신(信)'을 넣어 보신각(普信閣)을 건립했습니다.

이는 한양도성을 오상(五常)에 기초하여 건립하였다고 합니

다. 오상이란, 인(仁), 의(義) 예(禮), 지(智), 신(信)으로 인간이 갖추고 있는 다섯 가지 기본 덕목입니다.

인(仁)은 측은지심(惻隱之心)으로 불쌍한 것을 보면, 가엾게 여겨 정을 나누고자 하는 마음이고,

의(義)는 수오지심(羞惡之心)으로 불의를 부끄러워하고 악한 것은 미워하는 마음이고,

예(禮)는 사양지심(사讓之心)으로 자신을 낮추고 겸손해하며 남을 위해 사양하고 배려할 줄 아는 마음이고,

지(智)는 시비지심(是非之心)으로 옳고, 그름을 가릴 줄 아는 마음입니다.

신(信)은 광명지심(光名之心)으로 중심을 잡고, 항상 가운데에 바르게 위치해 밝은 빛을 냄으로써 믿음을 주는 마음입니다.

도성을 짓는데도 사람의 도리를 중시하는 조상의 넓고, 깊은 마음에 고개를 숙입니다.

보신각이 사대문 중심에서 종을 울리는 것은 인(仁), 의(義), 예(禮), 지(智)를 갖추어야 인간은 신뢰할 수 있다는 유교적인 철학입니다.

그리고 4가지(仁, 義, 禮, 智)가 없는 사람은 사가지 없는 놈, 즉 싸가지 없는 놈이 되었다고 합니다.

인간의 도리를 다하여, 믿음으로 명예를 간직하며 '싸가지 있는 사람'으로 오늘을 살아갔으면 합니다.

삶과 죽음에 대하여

누구나 태어남이 있었고, 또 누구나 어느 때고 죽게 된다. 천년만년 억만 겁이 살 수 있는 사람은 아무도 없다. 그러나 사람들은 허망한 욕심에 취해 착한 자신의 마음을 죽이고 남들 까지도 죽여 가며, 자기 합리화로 살아가고 있다. 덧없는 삶이라 하지 않았던가?

주위의 주검을 보면 하염없이 울어대는 유족이 있고 쾌재를 부르는 죽음이 있다.

아! 인생이란 무엇인가?

환절기 날씨의 변화가 우리의 어르신들을 데려가 버리고 있다. 아무도 가지 않으려 하고 또한 예고도 없지만 그냥 가버리신다. 주검의 모습에는 잘난 사람도 못난 사람도 없었고, 모든 것을 체념하고 떠나가는 그 모습들은 편안하기까지 했다.

마지막 가져가는 수의 한 벌, 남기고 간 이름 석 자가 뒷모습의 전부가 아닐까? 타인의 주검 앞에 인생의 덧없음을 느끼게 된다. 누구도 초연할 수 없는 죽음 앞에서 참된 삶이란 무엇일까 생각한다.

많은 사람들이 삶에 대해서만 관심을 갖고, 죽음에 대해서는 자기하고 아무런 관계가 없는 것으로 생각하고 살아가는 것 같다. 죽음이 아주 멀리 있다고 생각하지만, 그런데 삶과 죽음이 함께 공존하고 있다. 죽음도 항상 우리 옆에 있으며, 언제 들이닥칠지 아무도 모른다.

인간의 욕망은 한이 없지만, 그 욕망도 죽음 앞에서는 한없이 초라해진다. 욕망의 눈으로 보고 욕망의 노예가 되고, 그것은 모두 왔다가 곧 사라질 환상이고 무지개일 뿐이다. 그러나 우리 현실의 생사는 실체다. 그 실체를 잊어버리고 환상 속에 살다가 죽음 앞에서야 그것을 깨닫게 된다. 그러나 그때는 너무 늦은 느낌이 든다.

죽음이라는 것을 잘 모르기 때문에 자만하며, 인생을 깊이 있게 살지 못하는 것이 아닌가 생각한다. 삶과 죽음은 하나이고 실체이며 현상이다. 삶에서 겸손해야 한다.

어떻게 생각하면 우리의 삶속에 생(生)과 죽음(死) 만큼 큰 일상은 없는 것 같다.

이 순간에도 우리 곁에 출생의 기쁨도 있지만, 영원히 볼 수 없는 슬픈 이별이 있다.

우리네 인생(人生)

삶이란 어제를 추억하고, 오늘을 후회하고, 내일을 희망하는 것이라고 합니다.

수없이 반복되는 습관처럼 어제와 오늘을, 그리고 내일을 그렇게 살아가고 있습니다.

우리의 흔히 '미래는 주저하면서 오고, 현재는 화살처럼 날아오고, 과거는 영원히 정지된 시간의 걸음걸이를 가지고 있다.' 라고 합니다.

대부분의 사람들은 삶을 경주라고 생각하며 살아가고 있는 것 같습니다. 목적지에 빨리 도착하려고 헉헉거리며 달려가는 동안, 주변에 있는 아름다운 경치는 모두 놓쳐버리고, 앞만 보고 줄기차게 달려가고 있습니다.

그리고 경주가 끝 날 때쯤엔 자기가 너무 늦었다는 것을 알게 되고, 빨리 도착한다는 것이 별 의미가 없다는 것을 알게 됩니다.

삶이 너무나 힘들어도 세월은 위로해 주지 않습니다. 버거운 짐을 내리지도 못하고, 끝없이 지고 가야 하는데, 어깨가 무너져 내립니다.

한없이 삶에 속고 희망에 또 속아도, 희망을 바라며 내일의 태양을 기다립니다. 낭떠러지인가 싶으면, 오를 곳을 찾아 헤매고, 암흑인가 싶으면 빛을 찾아 한없이 뛰어가야 합니다.

죽음의 끝이 다가와도 애절하게, 삶에 부질없는 연민을 갖게 되기도 하고요. 산처럼 쌓아 둔 재물도, 호사스러운 명예도, 모두 벗어 놓은 채 언젠가 그렇게 떠나야 합니다.

삶이란 그런 것입니다.

가질 수도 버릴 수도 없는 삶을 살아본 사람들이 말하기를, 모든 게 잠깐이라 그리 모질게 살지 않아도 된다고 합니다.

그냥 물처럼 흐르며 살아도 된다는 것이지요. 악쓰고, 소리 지르며 억척같이 살지 않아도 된다고 합니다.

말 한마디 참고, 물 한 모금 먼저 건네주며, 잘난 것만 재지 말고, 못난 것도 보듬으면서 거울 속의 자신을 바라보듯이, 서로 불쌍히 여기고, 원망하고 미워하지 말고 용서하며 살아가야 합니다.

세월의 흐름이 잠깐인 '삶'을 살아가는 것이고, 흐르는 물은 늘 그 자리에 있지 않습니다.

근처에 도랑물 시냇물 졸졸거리는 물소리를 들으며 살아가는 한 그루 나무가 되면 그만이라고도 합니다.

무엇을 얼마나. 더 부귀영화를 누리겠다고 왜들 아등바등 살아가는지.

사랑은 예쁘게 익어야 하고, 덜 익은 사랑은 쓰리고 아프기에 고운 맘으로 기다려야 된다고 합니다.

구구절절이 옳은 말이지만, 다 알고 있지만, 극단적인 상황이 오기 전에는 깨우치지 못하는 게 삶인 것 같습니다.

유생무생(有生無生)

우리가 인생을 살면서 어떻게 사는 것이 가장 의미 있는 인생일까. 가끔은 문득 던져보는 질문입니다.

바쁘게 살다가도 스스로를 돌아보면, 내가 살아가고 있는 이 길이 맞는지, 내가 사는 방법이 옳은지를 고민하게 될 때가 있습니다.

가끔 던져보는 인생의 의미에 대하여, 우리는 나름대로 답을 내려 보기도 합니다.

높은 지위에 오르거나 돈을 많이 버는 것을 아름다운 인생의 의미라고 생각할 때도 있고, 배불리 먹고 따뜻하게 입으며 평생 아무 걱정 없이 살아가는 것이 인생의 참 행복이라고 할 때도 있을 것입니다. 참으로 다양한 답을 생각하게 해주는 인생의 의미, 답은 한둘이 아닌 것 같습니다.

다산 정약용 선생은 인생의 의미를 말하면서, '유생무생(有生無生)'의 인생을 이야기하였습니다.

살아 있어도 살아 있지 않은 것, 즉 숨만 쉬고 밥만 먹고 살아 있을 뿐

살아있다는 아무런 의미도 없는 사람의 인생을 지칭하는 말입니다.

유생무생(有生無生)을 다산은 이렇게 정의했습니다.

'치심양성변사목위한사(治心養性邊事目之爲閑事), 마음을 다스리고 본성을 기르는 일을 그저 한가로운 사람들의 일이라고 제쳐두거나,

서궁리 지위고담(書窮理 指爲古談), 책을 읽고 세상의 이치를 따져보는 일을 옛날이야기 정도로만 생각하는 사람이야말로

세유일등경박남자(世有一等輕薄男子), 세상에서 가장 경박한 사람이며 살아 있어도 죽은 인생이나 마찬가지의 사람이다.'

마음이 뜨끔해지는 자신의 삶을 돌아봅니다.

'밥만 먹고 산다고 인생은 아니다.'라는 말입니다.

-인터넷 글-

마음을 다스리고 이치를 따지며 인생의 의미를 찾아가며 사는 인생, 비록 남보다 지위와 재물이 부족하다고 해도 절대로 밀리지 않는 의미 있는 삶이 우리 인생의 참된 모습일 수 있습니다. '밥만 먹고 산다고 인생은 아니다.' 살아 있어도 살아 있

는 것이 아닌 인생, 참으로 경계할 만한 구절입니다.

하늘이 잔뜩 찌푸리고 있네요. 아직도 더 토해낼 그 무엇이 남아있나 봅니다. 완연한 가을을 쉽게 허락하고 싶지 않은가 봅니다. 그래도 기분 전환하여 행복을 만들어 가는 오늘 되시기를 바랍니다.

죽음을 앞둔 사람들에겐 다섯 가지 공통된 후회

우리의 '인생은 초대하지 않아도 찾아와서 허락하지 않아도 떠나가고, 태어나서 고생하다 죽는 것이다.'라고 말합니다.

철학자 장 폴 사르트르는 '인생은 B(birth)와 D(death) 사이의 C(choice)다.'라고 했습니다. 삶은 선택의 연속에서 죽음에 이르는 것이라는 것이지요.

비관적인 논리이지만 '사람은 누구나 죽는 것이고, 죽기 위해 사는 것이다.', 틀린 말이 아닙니다. 그래서인지 누구나 세상을 떠날 때가 되면 회한에 빠지게 된다고 합니다.

오랫동안 말기 환자 간병 일을 해온 호주의 간호사 '브로니 웨어'가 최근 발간한 책에 따르면, 죽음을 앞둔 사람들은 다섯 가지 공통된 후회를 한다고 합니다. "인생에서 가장 후회되는 것이 무엇인가?" 묻고 이를 정리한 것을 영국의 가디언지에 보도

한 내용이기도 합니다.

첫째는 남들이 나에게 기대하는 인생이 아닌, 나 자신에게 솔직한 인생을 살지 못했다는 것입니다. 삶이 끝나갈 무렵에야 뒤돌아보면, 정작 자신의 꿈은 절반도 이행하지 못했음을 한탄합니다.

둘째는 그렇게 힘들게 일할 필요가 있었을까 하는 것이라 합니다. 그 사이에 자식들의 어린 시절, 배우자의 우애를 잃어버리고 말았다는 후회입니다. 직장생활 쳇바퀴에 그렇게 많은 삶을 소비한 것이 뒤늦게 안타까워했습니다.

셋째는 자신의 기분을 내키는 대로 표현할 용기를 갖지 못했다는 것입니다. 다른 사람들과 평화를 유지하기 위해 자신의 감정을 억누르느라 속알이를 해야 했다는 것이지요.

넷째로는 친구들과 만나며 지내지 못한 것을 못내 아쉬워하고 슬퍼했다고 합니다. 자신들의 삶에 갇혀 황금 같은 우정을 잃어버렸으며, 다가오는 죽음을 맞이하면서 뒤늦게 친구의 소중함을 깨닫지만, 그때는 이미 친구들의 행방조차 알 수 없다는 사실에 절망합니다.

다섯째는 자기 자신을 좀 더 행복하게 만들지 못한 것입니다. 행복도 선택이라는 사실을 마지막 순간까지 몰랐습니다. 변화에 대한 두려움에 자기 자신에게조차 만족하고 있는 척했다는 것입니다.

낡은 양식과 습관에 갇혀, 이른바 익숙함이라는 '편안함'에 빠져 자기 자신이 추구하던 행복을 포기했다며 아쉬워했다고 합니다.

삶의 의미는 과학이나 철학도 설명할 수 없고, 이성에 의지해서도 해결되지 않으며, 죽음을 두려워하지 않고 자연스럽게 받아들이는 것이라 합니다.

인생은 겪어봐야 이해할 수 있는 교훈들의 연속이고, 시간은 위대한 스승이지만, 불행히도 결국엔 자신도 모두가 죽고 만다는 것입니다.

후회 없는 인생이 되도록, 하고픈 일을 미루지 말고 지금 실행하는 나날 보내시기 바랍니다.

책 읽는 사람들

세계를 지배하는 1% 인재들의 비밀은 독서에 있다고 합니다. 저의 육군학사장교 동기생인 '1등의 독서법' 저자 이해성 작가와의 독서에 대해서 나눴던 이야기를 정리해 봅니다.

'세계를 이끌어 가는 사람들은 세상의 이치를 알고 있다. 그것은 끊임없는 연구와 노력 그리고 독서를 통해서만 가능한 일이다.'고 하였습니다.

독서는 사물의 본질에 이르게 하고, 지식과 경험을 축적해 세상의 이치를 깨닫게 하고, 궁극적으로는 세상을 구성하는 질서와 체계를 발견하여 자신의 자리를 찾아가게 해 준다는 것입니다.

구체적으로 독서를 통해 뇌의 정보처리 회로를 리빌딩하여 운명을 바꿔주고, 고착화(Box화)된 사고를 벗어나게 해주고, 문제의 매듭을 풀어주고, 언어 개념 이해를 증진시키고, 문제해

결 능력을 향상 시킨다고 합니다.

또한 우리의 일상생활 속에서도 적은 돈으로 효율성을 극대화할 수도 있고, 다양하게 습득된 경험을 통해 빠른 발전 방법을 찾아갈 수도 있으며, 간접 경험을 통해 사물의 본질과 인간의 관계성 이해를 증진할 수 있다는 것입니다.

많은 사람이 독서의 중요성에 대해 이야기합니다.

그중에 안중근 의사는 '일일불독 구중생형극(一日不讀 口中生荊棘)', 하루라도 책을 읽지 않으면 입안에 가시가 돋는다고 하였습니다. 그러나 바쁜 일상생활에서 책을 가까이하기가 그리 쉬운 일은 아닌 것 같습니다.

그렇기 때문에 우리 자녀들에게 어려서부터 '독서'를 생활화하는 것이 중요하다고 생각합니다. 부모로서 '솔선수범(率先垂範)'하고, 조금 더 책을 가까이하는 습관을 지닐 수 있도록 애써야 할 것 같습니다.

어제 수능시험이 끝났습니다. 놀기도 좋고, 책 읽기도 참 좋은 시기인 것 같습니다. 자신이 관심 있는 분야의 책을 선정하여 피가 되고 살이 되는 마음의 양식을 쌓는 계기가 되면 어떨까요. '청년 버핏' 박상철 씨의 사례를 보더라도 독서를 생활화해야 할 것 같습니다.

쉽게 정리하면 독서는 책을 통해서 간접경험을 함으로써 다른 사람을 이해할 수 있는 힘을 기를 수 있고, 전무지식을 습득하여 대화 시에 어휘력을 풍부하게 구사할 수 있고, 무한한 상상력을 키울 수 있고, 넓은 세상을 볼 수도 있고 자아도 발견할 수도 있다고 생각합니다.

책을 가까이 하는 것은 참 좋은 습관이라고 생각합니다.

최선을 다하는 삶

우리의 삶도 정성과 노력이 필요하다고 생각합니다.

아무렇게나 살아지는 삶은 없습니다.

주자(朱子)가 말씀하시기를 '소년이로학난성(少年易老學難成)', '소년은 늙기 쉽고 학문을 이루기 어려우니 짧은 시간이라도 가벼이 여기지 말라. 아직 못 가의 봄풀은 꿈에서 깨어나지 못했는데 어느덧 세월은 빨리 흘러 섬돌 앞의 오동나무는 벌써 가을 소리를 내느니라.'라고 했습니다.

이제 마지막 잎사귀도 찬바람에 떨어지고 앙상한 나뭇가지에 매서운 찬바람이 세차게 불어 대고 있습니다.

이 글의 의미를 되새겨 본다면, 젊었을 때 무책임으로 나이 들어 힘겹게 되는 것은 전적으로 본인 책임이라는 뜻을 내포하고 있습니다.

인생을 살아가다 보면 잘 나갈 때도 있고, 힘든 시절도 생길 수 있습니다. 누구나 한번 사는 인생 잘살아 보려면 마음가짐을 단단히 해야 한다는 생각이 듭니다. 누구나 한순간의 실수도 있을 수 있습니다. 그 실수를 깨닫고 뒤돌아보아 바로 잡아 살아가면 됩니다.

가슴에 아픔이 없는 사람이 어디 있습니까?
그 아픔을 이겨나가는 것 또한 자기 몫이라 생각합니다.

사람들은 모두 다 자기가 지고 가는 짐이 제일 무겁다고 여깁니다. 그러나 조금만 시야를 넓혀보면 나보다 더 어려운 사람, 나보다 더 아픈 사람이 세상에 많습니다.

사람은 각자 나름으로 십자가를 지고 가는 것 같습니다. 그렇지만 어떻게 지혜롭게 대처해 나가느냐에 따라 체감하는 삶의 무게가 다를 수 있다고 생각합니다.

크고 작은 일들이 우리 삶에 참 많이도 일어납니다. 그것도 우리가 살아 있음에 느낄 수 있는 또 다른 시각의 선물인지도 모릅니다.

작은 일에 정성을 들이면 큰일도 잘 해낼 수 있습니다. 삶도 공부하는 것처럼 정성과 노력이 필요한 이유입니다. 우리는 지금 자신의 삶에 어떤 정성을 들이고 있는지요.

5 나라를 사랑하는 마음

0000 likes

#격탁양청(檄濁揚淸) #경술국치일(庚戌國恥日) #국가(國家)의 미래(未來)
#나라를 사랑하는 마음 #단지 상상하는 것으로도
#더 좋은 나라에서 살고 싶습니다 #독일인이 본 우리의 강점(强點)
#두려운 세상사(世上事) #반면교사(反面教師) #반성(反省)의 힘
#사소한 것에서 시작된다 #전도몽상(顚倒夢想)을 떨쳐 내자
#전몰장병을 위한 빈 의자 #절절한 호소(呼訴) #지도자의 상식(常識)
#하백의 깨달음 #친구야, 힘내라

격탁양청(檄濁楊淸)

중국의 시진핑 국가주석이 인기를 누리는 비결이 반(反) 부패정책(腐敗政策)이라 합니다. 대표적인 부패척결은 '격탁양청(檄濁楊淸)'이란 성어로 표현됩니다.

'격탁양청(檄濁楊淸)'은 탁한 것을 몰아내고 맑은 것을 받아들인다는 뜻입니다.

당서(唐書) '완규전'에 나오는 말로서 탁류를 몰아내고 청파를 끌어들인다. 즉 격렬하게 부딪치며 흘러내리는 탁한 물은 시원하게 흘려보내고, 맑고 상큼한 물을 끌어들인다는 말입니다.

중국 고전을 토대로 '청렴을 권장하고 '부패'를 경계한다는 반부패 척결의 뜻으로 사용되고 있으며 악(惡)을 제거하고 선(善)을 가져온다는 것입니다. 부패는 싹부터 잘라내야 한다는 방미두점(防微杜漸), 난세(難世)를 다스리기에는 엄한 법률로

해야 한다는 치난중전(治亂重典), '죄가 무거우면 법도 무겁다'라는 단호함을 보여 주어야 한다는 것입니다. 우리나라도 부패 청산과 국가 청렴도를 높이기 위해 '반부패 정책협의회'를 만들며 많은 노력을 기울이고 있습니다. 특히 공직사회의 부패는 공적 지위와 권력을 남용하여 사회의 규범을 위반하고 공익에 대한 해(害)를 끼치는 행위로서 반드시 척결되어야 합니다.

부패를 척결하기 위해서는 공(公)과 사(社)의 구분에서부터 출발하여 선공후사(先公後私)해야 한다고 생각합니다.

정치인의 길을 들어선 이상 부(富)를 축적하는 것에 대해서는 엄격히 선을 그어야 하고, 공인(公人)이 부(富)의 축적에 몰두하거나, 권력을 이용해 돈을 버는 수단으로 사용하는 것은 후안무치(厚顔無恥)한 행위입니다.

중국의 시진핑 주석은 말합니다. 백성의 옷을 입고, 백성의 밥을 먹는데 어떻게 백성을 속이겠는가. 왜 그런가. 군중의 눈은 눈처럼 밝기 때문이라고 합니다.

우리의 실천은 어디쯤일까, 생각하게 됩니다.

경술국치일(庚戌國恥日)

어제가 8월 29일 '경술국치일'이었습니다.

대부분 8·15광복절은 알면서도 8·29 '경술국치'일을 잘 모르고 있습니다.

우리의 역사(고대사 / 근대사 / 현대사) 중에서도 명암의 역사를 명확히 알고 있어야 한다고 생각합니다. 모든 일이 발생하는 것은 반드시 '원인(原因)'이 있고, 그로 인해서 '결과(結果)'가 발생하는 것이기 때문입니다.

우리는 왜 국권을 잃었는가. 아픈 역사로부터 배우지 못하면 그 아픔의 역사는 되풀이된다고 합니다.

1910년 경술년 8월 29일.

대한민국은 일본의 침략에 의해 국권을 빼앗기고 일본에 합병된 날입니다. 그 때문에 경술년에 발생한 국가적 치욕이라 '경술국치일'이라고 합니다. 역사의 아픔을 되풀이하지 않기 위해서는 아프고, 치욕스럽고, 분(憤)한 역사이지만 잊지 말고 나라의 소중함을 기억해야 하는 날이 되어야 한다고 생각합니다.

이 치욕스러운 날,

대다수 사람들이 침묵했다는 것, 그리고 암담한 현실을 극복하기 위해 희박한 가능성을 믿고 독립을 위한 투쟁에 참여한 사람들이 있었다는 것입니다.

작금의 현실은 서글프기 그지없습니다.

'독립유공자' 자손들은 뒷방에서 어렵게 생활하고 있고, 친일파 후손들은 높은 자리에서 호의호식하며 살아왔고, 지금도 개선되지 않고 있습니다.

조국과 민족을 팔아서 얻은 부와 명예를 대대손손 되물림 하며 잘 먹고 잘살아 가는데 목숨까지 내던진 독립군들의 자식들은 피폐한 생활을 하는 나라가 정상적인 나라인가.

모든 것을 내 던진 '국가유공자'들에 대한 처우가 개선되어 국가를 위해 희생한 것을 자랑스럽게 생각하는 풍조가 되었을 때, 앞으로 국가가 위기에 직면했을 때 목숨을 걸고 싸우지 않을까요.

정의(正義)는 상실되었고 가진 자가 판을 치는 현상은 잘못된 '일제의 잔재'를 제대로 청산하지 못한 과거의 원인이 크다고 생각합니다.

지금이라도 '역사 바로 세우기'를 해야 하는 이유입니다.

국가(國家)의 미래(未來)

일일신우일신(日日新又日新), 국가나 단체, 개인에게도 좀 더 밝은 미래로 가기 위해서는 전략(戰略)이 있어야 합니다.

국가전략(國家戰略)은 국가 존립의 가치를 실현하기 위해 정치, 경제, 사회, 문화, 외교, 안보, 과학, 기술, 환경 등의 모든 분야의 전략적 목표를 설정하여 그것을 달성해 가기 위한 효율적인 방안을 모색해 가야 합니다.

특히 국가의 안전보장을 위하여 전시, 평시를 통하여 국가의 모든 저력을 종합적으로 발전시키고 그것을 효과적으로 운용하기 위한 방책이라고 생각됩니다.

국가전략은

1. 국민의 생각을 바르게 선도하는 것입니다.

법령과 원칙, 학문과 기술을 연구 개선해야 합니다.

2. 국민의 일상을 풍요롭게 합니다.

치안과 국방을 튼튼히 하고, 공공의 국가 인프라 투자와 산업 기술전략을 지혜롭게 조정하고, 국가 예산의 효율적 운용과 사회복지 기반을 마련합니다.

3. 국가 미래전략을 명확히 하고 국민에게 용기를 줍니다. 학문과 기술의 다양성을 지원 육성하고, 고른 교육의 기회를 제공합니다.

인재를 발굴 육성하여 국가전략산업과 학문의 경쟁력을 고도화합니다.

국가는 그래야 합니다.

1. 국민을 겁박하고 기망하여 겁먹고 포기하게 만들면 안 됩니다.

2. 입법, 사법과 행정이 분리 되어야 하고, 국민의 정당한 권리와 행동을 막아서는 안되며, 피해를 감수하게 하고, 무력화시켜서도 안 됩니다.

3. 악법과 폐습으로 투자와 연구 노력을 무력화시키고 경쟁과 평가 기회를 왜곡 훼손하면 안 됩니다.

4. 국가의 미래에 대한 대안을 모색하고, 국민의 다양성을 인정하고 통화하여 지속 가능한 발전을 기약해야 합니다.

우리나라는 이 모든 게 무너져 가고 있는 것 같습니다. 지금 우리에게 가장 중요한 우선순위가 무엇입니까. 그것을 망가뜨리는 집단은 어디입니까. 위정자들의 각성을 촉구합니다.

국가의 미래를 위해 이 위기의 순간을 어떻게 극복할 것인지 온국민이 한마음 한뜻이 되어 그 해답을 찾아 나가야 합니다.

'국가는 견고한 기초 위에 좋은 건축이 있고, 튼튼한 뿌리 위에 좋은 꽃과 열매가 있다.', 도산 안창호 선생의 말씀이 뇌리를 때립니다.

위정자들, 사회 지도층 인사들의 각성을 촉구해 봅니다. 상식이 통하는, 국민들의 마음을 편안하게 해주는 일을 했으면 좋겠습니다.

'국가의 미래를 위해 정쟁보다는 진정 무엇이 이 나라의 미래를 위해 중요한 것인가.'

나라를 사랑하는 마음

질풍지경초(疾風知勁草), 모진 바람이 불 때라야 강한 풀을 알 수 있고, 어렵고 위험한 처지를 겪어봐야 인간의 진가를 알 수 있다는 말이 생각나네요.

집안이 어려울 때 어진 아내가 생각나고, 세상이 어지러울 때라야 충신을 알아볼 수 있다고 합니다. 이번 내년 국회의원선거에서 정말 좋은 분들이 많이 입성하기를 기대해봅니다.

6월은 호국 보훈의 달입니다.

1일 의병의 날, 6일 현충일, 10일 민주항쟁기념일, 25일 동족상잔의 비극이 있었고, 국민의 힘으로 6·29선언, 대통령 직접선거를 쟁취하였습니다.

분단의 땅, 한반도에 평화의 불씨도 살아나고 있습니다. 12일 북미 정상회담, '휴전 협정'이 '종전 협정'으로 전환되어야 하고,

상호 교류협력의 시대가 열렸으면 좋겠습니다.

14일부터 개최되는 세계인의 축제인 월드컵에서도 대한민국이 좋은 성적을 거두기를 기원합니다.

우리 민족에게 정말 의미 있는 6월이 되면 좋겠습니다. 지금 아픈 것은 다가올 아름다움을 위함이었고, 아름다운 종소리를 더 멀리 퍼뜨리려고 종(鐘)이 더 많이 아파야 했습니다. 6월은 절망을 극복하고 희망을 찾아가는 숨바꼭질 같은 달이 아닌가 생각되기도 합니다.

저는 이렇게 기도해 봅니다.

'우리 민족에게 서로에게 믿음 주고, 하나 되는 미래 지향적인 한민족 되게 하소서.

개인에게는 물질적 부자 아닌 마음의 부자 되게 하시고, 물질로 얻은 행복보다 희망으로 다져진 참사랑 꿈꾸게 하소서.

5월의 교훈으로 머리로 생각하고 가슴으로 느끼며 아름다운 이해와 배려로 평화를 꽃피우게 하소서.'

세상을 생각하며 울어 본 적이 있습니까. 나라와 세상의 장래를 걱정하고, 탄식할 수 있는 정의로운 마음을 가진 사람이 지도자가 되었으면 좋겠습니다.

희망 가득한 6월에,

그 어느 때 보다 우리 민족 모두가 더욱더 강건하고, 소망하는 모든 것을 이루고, 기분 좋은 일만 있는 6월 한 달이 되었으면 좋겠습니다.

단지 상상하는 것으로도

단지 상상하는 것만으로도 세상의 일들을 바꿀 수 있다는 사실에 대해 나는 점점 더 강하게 이끌렸다.

사랑이 없는 자리에 사랑이 들어서게 되면, 세상이 어떻게 변하는지를 나는 볼 수 있었다.

인간의 문명이라는 것도 특정한 시기에 이런 사랑의 힘에 초점을 맞춤으로써 변화될 수 있었다. 이런 일이 생길 때마다 역사는 새로운 방향으로 나아갔다.

-데이비드 호킨스의 『의식혁명』 중에서-

단지 사랑하는 것만으로도 세상이 바뀝니다.

한 사람을 상상하며 그리워하는 것만으로도 사랑이 생기고, 역사를 바꾸는 힘이 됩니다.

역사를 바꾸겠다. 세상을 바꾸겠다. 거창한 생각 할 필요도 없습니다. 단지 상상하는 것만으로도, 사랑하는 것만으로도 가능하다고 생각합니다.

대변화는 결코 위에서부터 아래로 번지는 법이 별로 없습니다. 3·1만세 운동, 5·18 민주화 운동, 6·10 민주항쟁, 촛불 시민운동 등 항상 아래로부터 일어났습니다. 우리 앞에 놓인 세상이 왜곡되어 있다는 사실을 민중이 자각하고 결단을 내릴 때 거대한 변화가 일어날 수 있었습니다.

Me Too 운동, 혜화동 전철역 집회 등도 한 사람의 각성이 사회의 대변화를 이끌고 있습니다.

'헐뜯지 마' '미지근하게 살지 마' 청년들에게 돌직구를 던지신 프란치스코 교황이 우리나라를 방문하셨을 때 작은 차를 타고 이동하시는 것을 보았습니다. 교황님께서는 우리에게 '허세부리지 말자.'라고 꾸짖고 계시는 것 같습니다.

요즘 하루가 멀다고 차량이 불타는데도 그 차가 최고의 안전차량이고, 우리나라에서 판매되는 차량 10대 중 4대가 외제 차량이라고 합니다.

젊은 사람들은 살집보다 차가 우선이고, 많은 젊은이가 비싼 외제차를 사려고 혈안이 되어 있고, 작은 차를 타고는 고급호텔에서 식사도 못 한다고 합니다. 이게 정상인가 싶네요. 허세가 판을 치는 알맹이 없는 세상이 되어가고 있는 것 같습니다.

능력에 맞게 작은 차를 타고 출퇴근하는 젊은이, 미약한 살림에도(월세~전세~내 집) 뛰어다니며 열심히 살아가는 신혼부부들, 퇴직한 노부부가 작은 차를 타고 고급 레스토랑에서 식사하고 두 손을 잡고 나오는 모습 등을 보고 싶습니다.

이런 아름다운 모습, 상식이 통하는 사회, 겸손하고 검소한 생활을 부끄럽게 생각하지 않는 정상적인 나라가 되었으면 합니다. 좀 더 품격 있는 나라가 되었으면 좋겠습니다.

오늘은 광복 74주년, 정부 수립 71주년이 되는 날입니다. 광복절은 국권을 빼앗긴 일본으로부터 해방된 날로 빛(光)을 찾음(復)을 의미한 주권을 되찾은 날입니다.

국민의 한 사람으로 통일된 한반도 완전한 독립을 기원해 봅니다.

더 좋은 나라에서 살고 싶습니다

저는 나의 조국 대한민국이 누구에게나 조금 더 살맛나는 좋은 나라가 되었으면 좋겠습니다.

기회는 평등해야 하고, 과정은 공정해야 하고, 결과는 정의로워야 합니다. 국민 모두의 인간다운 삶, 자유권과 평등권, 공평한 기회와 공정한 경쟁 등이 보장되는 나라가 되어야 합니다.

기본이 바로 선 나라는 헌법의 기본 취지 '대한민국은 자유민주공화국이고, 모든 권력의 힘은 국민으로부터 나온다.'가 반드시 지켜지고, 누구나 법 앞에 평등하고, 삶의 과정에서 공정한 경쟁이 가능하고, 결과에 대해서는 누구나 인정할 수밖에 없는 정의로운 나라가 되었으면 합니다.

지금보다도 조금 더 상식이 통하고, 정의로운 나라, 누구도 억울한 일을 당하지 않고 국민에게 믿음을 주는 내 조국이 되었으면 좋겠습니다. 힘없는 국민의 목소리도 귀 기울이고, 한 맺힘도 풀어주는 정의로운 나라가 되었으면 좋겠습니다.

내년에는 또 국회의원 선거가 있습니다. 바야흐로 정치의 계절이 도래하였습니다. 출마자들은 서로가 자신이 적임자라고 울부짖고 다니겠지요. 살기도 팍팍한데 정치는 무슨, 당선되면 살아지는 공약, 정치 혐오 부추기는 제도 등 민심에 귀 기울이고 공동선 지키는 진짜 민주공화국이 되어야 합니다.

그들이 언제부터 그렇게 지역을 사랑했고, 국가의 발전을 위해 관심을 가졌는지…, 자신만이 참 일꾼이라고 악을 쓰고 다니겠네요. '옳고 그름'을 논하다가도 본인들의 실리를 위해서는 금방 그 신념도 내 던져 버리고, 침묵했던 그 사람, 자신의 사익을 위해서는 목숨을 걸며, 조금이라도 불리한 것이 있으면 기필코 반대를 일삼던 후안무치(厚 顔無恥)한 사람들도 자신이 최적임자라고 떠들어 대겠네요. 국민을 두렵게 생각하지 않는 공직자는 '자신을, 자신이 몸담은 조직도, 국가도 위태롭게 하는 위험한 사람'입니다. 나의 조국 대한민국이 나의 고향이 조금 더 발전하고, 마음 편하게 살아갈 수 있는 살맛나는 좋은 나라가 되었으면 좋겠습니다. 전국 방방곡곡에서 철저하게 검증하여 참된 '민의의 대변자'들을 뽑아 좋은 나라를 만들어 가는 계기가 되었으면 합니다.

독일인이 본 우리의 강점(强點)

IMF 당시, 우리가 어려웠을 적에 어느 국가에서도 우리 돕기를 주저하고, 비싼 금리를 준다고 하여도 선뜻 나서지 않고 있었을 당시, 독일 연방 중앙은행(DEUTCH BANK)에서 거액의 자금을 지원받아 외화 자금 부족의 어려움을 해소한 적이 있습니다.

당시 우리를 지원한 사유가 우리 자신은 몰랐거나 간과했던 예상치 못한 답을 하였다고 합니다.

첫째는 우리나라의 학력 수준이 세계 최고이고 대부분 대학을 다녔으니 세계 어느 나라도 그런 경우가 없다는 것입니다. 즉 그렇기에 지적 수준이 높다는 점입니다.

두 번째는 우리나라는 사계절의 기후를 가지고 있습니다. 강추위나 무더위에 신체가 단련되어 극한 지역의 추운 지방에 가든, 더운 곳에 가든 세계의 어느 곳에 가더라도 견디어 낼 수 있는 적응력이 뛰어나다고 합니다. 아무리 어려운 상황에서도 살아남을 수 있는 육체적, 정신적 힘이 강하다는 점입니다.

셋째는 전 남성이 국방 의무를 마치었기에 군사 무기를 다루어 본 경험이 있어 최소 총 쏘는 것 정도는 아무것도 아니며 자신을 지킬 수 있어 이 또한 우리의 장점입니다.

넷째는 세계 최대의 공장 시설을 보유하고 있습니다. 즉 조선, 반도체, 자동차, 정유, 제철 등 막대한 자금이 소요되는 시설들을 이미 갖추었다는 점입니다.

다섯째는 우리나라 사람들은 어느 브랜드든지 초일류를 사랑하고 지향하기에 이러한 경향은 나아가서, 결국은 일류 국가로 성장할 수밖에 없다는 점입니다.

다섯 가지의 강점을 가진 국가는 지금은 어려워도 자기네 귀한 돈을 떼어먹지 않으리라는 확신이 있어 자금을 지원하였노라고 대답하였다고 합니다. 우리 국민은 위대한 민족입니다. 우리 민족은 위기에서 더 강하며, 그것이 우리의 '정신력'이고 저

력입니다.

전쟁에 임해서도 전투기, 탱크 등 첨단의 장비인 '유형(有形) 전투력' 보다도 싸우면 반드시 이기겠다는 강한 의지와 신념인 '무형(無形) 전투력'이 더 중요하게 생각되기도 합니다.

S&P, MOODYS 같은 신용평가사들의 수치에 의한 평가가 아닌 무형자산의 평가방법으로 우리는 위대한 국가입니다.

우리가 가지고 있으면서도 미처 발견치 못한 강점과 장점이 있다는 사실은 새삼 소중함과 자부심을 느끼게 됩니다. 또한 이를 꿰뚫어 보는 그들의 혜안에도 감사한 마음이 듭니다.

우리는 한국인이라는 자부심과 긍지를 갖고 세계 최일류 국가가 되었으면 좋겠습니다.

두려운 세상사(世上事)

당신이 사랑과 자비로 가득 찬 세상을 원한다면, 자신부터 사랑과 자비를 지닌 사람이 되어라.

이 세상을 사는 두려움이 줄어들기를 바란다면 자신의 두려움부터 줄여라. 이것이 세상에 줄 수 있는 당신의 선물이다.

-게리 주커브의 『영혼의 의자』 중에서-

우리는 지금 누구나 '두려운 세상'에서 살아갑니다.

정치, 경제적 사건뿐만 아니라 사회, 윤리적 사고에 이르기까지 많은 문제가 발생하고 있고, 보통사람으로 살아가는 서민의 삶은 더욱더 피폐화 되어가는 것 같습니다.

또한 남북·북미의 안보 관계도 속 시원하게 풀려서 국민의 마음을 편안하게 하지 못하고 있으며, 무엇보다 지금도 휴전선, 북방한계선(NLL) 허리의 불안함은 화약고를 안고 살아가고 있습니다.

우리는 휴전 상태에 있으면서도 종전상태나 평화 상태에 있는 것으로 착각하고 있고, 안전. 안보 불감증은 모든 상황이 나태하게 남의 일로 생각되고 있습니다.

현실의 절박함은 온데간데없고, 아슬아슬한 외줄 타기를 하며 살아가고 있는 것 같습니다. 또한 그 안일함이 외부에 위험보다 내부의 적과 싸워가는 것은 아닌가 하는 의구심마저 드는 것이 사실입니다.

그렇다고 해서 두려움만을 가지고 살아가자는 것은 아닙니다. 그러나 분명 우리 분단의 현실은 직시해야 합니다. 문제의식을 느끼고 우리 국민의 안전한 삶을 위해서 늘 조심스럽게 근본적인 안전 대책을 강구하여야 하지 않을까요.

'국민의 생명과 재산', 만약에 한반도에 전쟁이 발발한다면 우리 한반도는 불바다가 될 것입니다. 정말 끔찍한 상태가 되고 말 것입니다. 우리의 삶은 피폐화되어 행복한 국민의 삶은 송두리째 무너져 한반도는 잿더미가 될 것입니다.

우리의 '평화 공존'을 위해 '분단 비용'을 '평화비용'으로 전환하여 한반도에 평화가 정착되고, 빠른 시일 내에 통일된 대한민국을 만들어 세계를 주름잡는 강대국이 되었으면 좋겠습니다.

우리가 살아가면서 여러 가지 이유로 많은 두려움이 있지만, 그 두려움은 바깥에 있지 않고 내 안에 있다고 여겨집니다. 내 안의 두려움을 잘 물리친다면 바깥세상의 두려움도 물리치지 못할 이유가 없습니다.

오늘을 살아가는 삶이 나만을 위해 살아가는 것이 아니라, 우리 후손들의 앞날을 위해 조심스럽게 살아가야 한다고 생각됩니다.

오늘도 무더운 날씨가 지속될 것 같습니다. 즐거운 주일 보내시며, 좋은 하루되시기를 기원합니다.

반면교사(反面敎師)의 역사(歷史)

집권자가 쓴 자료만 본다면 태평성대가 아닐 때가 없다고 합니다. 일제 강점기도 자료가 풍부한 일본에만 의지하면 일본이 근대화의 은인이 될 수도 있습니다.

그러나 역사학자의 눈은 달라야 합니다.

어릴 적에 울면 부모님들은 '순사가 잡아간다.'며 울음을 그치라고 하셨습니다.

일본 순경을 호랑이보다도 무서웠습니다.

해방 후 20년도 더 지났을 때까지도 그랬습니다.

일본의 폭압이 얼마나 심했기에 그리하였겠는가 생각됩니다.

기미년 3월 1일 국민 결기는 기적이 있었습니다.

서로를 사탄으로 보며 도저히 융합할 수 없었던 불교, 기독교, 천도교를 한마음으로 뭉쳤습니다. 철천지원수였던 지주와 소작인들이 헐뜯지 않고, 철통 보안을 유지했습니다. 일본의 통치가 사탄이나 철천지원수보다도 더 잔혹했다는 반증입니다.

우리 민족은 조상 섬기는 것을 목숨보다 귀하게 여기며 이웃과의 이별을 죽기보다 싫어했던 정(情)이 많은 민족입니다.

먹고살기 어려운 시절에도 지켰던 고향을 왜 등질 수밖에 없었겠습니까. 일본의 잔혹함을 피해 정신대에 안 보내려고 여자들을 일찍 결혼시킬 수밖에 없었습니다. 놋그릇, 은수저까지 수탈해 가니 오죽했으면 땅을 파고 숨기기도 했겠습니까.

무지렁이 백성들이라 기록은 못 해 두었을지라도 시대적 참상은 충분히 이해할 수가 있습니다. 우리 역사학자들은 일본에 가서 멋대로 기록된 종이 짝을 뒤질 게 아니라, 힘들더라도 더 늦기 전에 가려진 증언과 소리를 기록해 낼 수 있어야 합니다.

한 세대만 지나도 사라져 버릴 역사입니다. 일본은 독도 영유권을 주장하듯, 왜곡된 역사 자료들로 50년 100년 후를 보며, 어용학자들을 길러낼 것입니다. 끔찍한 일이 아닐 수 없습니다.

진보, 보수를 떠나 역사학자라면 모두가 깨어나 제대로 된 역사책을 만들어야 할 때 우리는 또 다른 근대사의 왜곡을 시도하였습니다. 자식들에게 바른 역사로 당당한 자부심을 가질 수 있도록 해 주어야 합니다. 그것이 이 시대를 살아가는 우리의 책무입니다.

아직도 일제 잔재의 유령이 살아 있습니다.

역사바로세우기를 못 했기에 지도자들은 기회주의자가 되었고, 정의로운 지도자는 찾아보기가 어렵습니다. 지난해 이맘때 작금의 현실을 보며 이것이 나라냐, 그렇게 피를 흘리며 지키고자 했던 '대한민국'이냐며 온 국민이 떨치고 일어났습니다.

2차 세계대전 중에 프랑스는 나치 독일에 4년 동안 점령당했습니다. 우리의 9분의 1에 지나지 않는 짧은 기간이었지만 그들의 과거 청산은 단호했습니다.

"어제의 범죄를 벌하지 않는 것은 내일의 범죄에 용기를 주는 것이다. 정의와 모국에 대한 자부심은 절대 관용으로 건설되지 않는다."

나치 협력자 숙청 재판은 지위 고하와 관계없이 이루어졌으며, 1차 세계대전 승리의 영웅이며 드골은 군 선배인 비시정부의 국가수반 페탱 원수도 반역자로 규정해 사형을 선고했습니다.

200만 명을 내사하고 이 중 99만 명을 체포, 조사했으며 7천여 명에게 사형선고를 내렸습니다.

그들은 '프랑스가 다시 외세의 지배를 받더라도 민족을 배신할 국민은 나오지 않을 것이다.'라고 자부합니다.

특히 인상적이었던 것은 무엇보다 지식인들의 부역 행위를 훨씬 더 가혹하게 단죄했습니다.

나치의 특혜를 받아 백만장자가 된 경제인은 5년 정도의 감옥살이를 한데 비해, 2백 자 원고지 6장 정도의 친독 행위는 사형으로 처리되었습니다.

프랑스가 낳은 드문 천재였던 로베르 브라지야크조차 즉각 사형에 처해졌습니다. 그는 알베르 카뮈를 비롯해 반 나치 저항운동을 벌였던 언론인과 작가들까지 구명운동에 나설 정도로 프랑스를 이끌어 갈 대표적인 지식인이었습니다.

프랑스 국민들의 문화예술과 모국에 대한 자부심은 그냥 만들어진 것이 아니라고 생각됩니다. 지식인은 시대의 정신을 대변합니다. 시대적 양심을 지켜야 하고 그래야 존경을 받을 수 있습니다.

호랑이는 굶어 죽어도 잡풀을 뜯지 않는다고 합니다.
물질적 달콤함에 야성이 길들여져서는 안 됩니다.

내년에 국회의원선거가 있습니다. 좀 더 양식 있는 바른 일꾼들이 국회에 진출하고, 우리의 왜곡된 역사도 청산하고, 적폐정치인 척결하는 의미있는 선거가 되었으면 좋겠습니다.

지식인의 기개가 살아있고 당당함과 의로움이 넘쳐나는 나라. 국민이 마음 편안하게 살아갈 수 있는 좋은 나라가 되었으면 좋겠습니다.

반성(反省)의 힘

'스스로 알을 깨고 나오면 생명력 있는 한 마리의 병아리가 되고, 남이 깨주면 일회용 계란프라이가 된다.'라고 합니다.

사람은 누구나 자기만의 아집(我執)과 편견(偏見)과 고정 관념의 껍질에 둘러 쌓여있습니다. 스스로 구속하는 비좁은 공간 속에서 답답함을 못 이겨 몸부림치며 괴로워하는 것이 우리네의 자화상(自畵像)이 아닌가 생각합니다.

자기혁신(自己革新)은 바로 이 껍질을 깨고 나오는 데서 출발하고, 조직 혁신 역시 이 벽을 깨야만 가능합니다. 의식의 벽, 제도의 벽, 관행의 벽, 조직의 벽 등 우리의 주위에 얼마나 많은 벽이 있을까요.

우리의 현실의 벽으로 느껴지는 것은 힘 있는 자들이 편법과 불법을 자행해서라도 더 많이 가지려 하고, 자신의 욕심만으로 상대를 무시하고, 아집에 가로막혀 외곬수로 살아가고 있습니다.

나이가 많을수록, 경험이 많을수록, 직위가 높을수록 그 벽이 두껍다는 것을 느낍니다. 스스로 알을 깨고 나오는 부화 과정이 있어야 합니다. 그것이 바로 자성반성(自性反省)이 아닌가 생각합니다.

병아리가 껍질을 깨트리고 나오기 위해 안에서 쪼는 줄과 어미 닭이 밖에서 쪼아 깨뜨리는 것의 탁이 협력하는 것을 '줄탁동시(啐啄同時)'라고 합니다. 사제 간의 연분과 합이 들어있다는 뜻이기도 하고요.

그 두꺼운 껍질을 누구도 시기적절하게 깨주기 어렵기 때문에 우리 스스로가 깨고 나와 좀 더 성숙한 사회의 일원이 되어야 하지 않을까요.

고인수 작가는 '위대한 반성의 힘'에서 '철저한 자성반성(自性反省)이 없이 자기혁신, 조직 혁신은 불가능하다.'라고 설파하였습니다.

우리나라도 정치, 경제, 사회, 문화, 언론, 통신, 검경, 교육, 외교, 통일, 안보, 사회 복지 등도 모든 부분에 대대적으로 개조가 있어야 한다고 생각합니다.

우리 사회가 자기반성을 통해 개인과 국민, 지방정부, 국가운영 시스템 모두를 자기반성과 대 개조를 통하여 살맛나는 좋은 나라로 바로 섰으면 좋겠습니다.

위기(危機)는 기회(機會)라고 합니다.

사소한 것에서 시작된다

무너지는 둑도 작은 구멍에서 시작되고, 천 리 길도 한 걸음부터 시작되며 태산도 한 줌의 흙으로 출발합니다.

죽을병도 몸의 작은 상처나 조짐의 신호로 시작되고 큰 복도 작은 성실함에서 시작된다고 하네요.

우리는 눈에 띄는 것만 신경 쓰고 일이 터진 다음에나 그 이유를 찾는 등 작은 일은 소홀히 할 때가 있는데 모든 생사화복(生死禍福)의 시작은 작은 데서 출발함을 잊지 않는 것이 좋겠습니다.

도덕경에 나오는 필작어세(必作於細)는 '세상의 모든 큰일은 사소한 것에서 시작된다.'라는 뜻이고 한비자에도 '천길 높은 뚝은 개미나 땅강아지 구멍으로 인해 무너지고, 궁궐 같은 큰 집도 아궁이 틈에서 나온 조그만 불씨 때문에 타 버린다.'라고 합니다. 이것 또한 사소한 것이 큰일로 이어진다는 말이 되겠지요.

지혜로운 사람은 조그만 불씨에서 큰 희망을 보고, 몸이 아픈 것도 조그만 이상 징후로 발단이 된다는 것을 알고 대처해 나가야 합니다.

독수리의 눈으로 보되 황소걸음처럼 묵묵히 걷는 것,
조그만 것도 무시하지 않고 성실히 살아가는 것,
시냇물을 보고 대양이 존재함을 아는 것,

그래서 내 지금의 사소한 것처럼 보이는 일도 꾸준히 하면 결국 큰일로 이어진다는 희망과 신념을 갖고 오늘을 열심히 살아가야 하는 것 같습니다.

생명이 없는 물고기는 물의 흐름에 떠밀려가지만, 살아있는 물고기는 물살을 거슬러 올라간다고 합니다.

이 혼돈의 시대에 자신을 지키고 살아가기 위해서는 정신을 똑바로 챙기고 살아가야 할 것 같습니다.

전도몽상(顚倒夢想)을 떨쳐 내자

사람을 위해 돈을 만들었는데, 돈에 너무 집착하다 보니 사람이 돈의 노예가 됩니다. 몸을 보호하기 위해 옷을 입는데, 너무 좋은 옷을 입으니 내가 옷을 보호하게 됩니다. 사람이 살려고 집을 지었는데, 집이 너무 좋고 집안에 비싼 게 너무 많으니 사람이 집을 지키는 개가 됩니다.

이런 것을 전도몽상(顚倒夢想)이라고 합니다.

자기도 모르게 어느 순간 거꾸로 되는 것이지요.

인생에 너무 많은 의미를 부여하니까 그 의미의 노예가 되고 행복하지 못한 것이 아닐까요.

전도(顚倒)는 모든 사물을 바르게 보지 못하고 거꾸로 보는 것입니다. 몽상(夢想)은 헛된 꿈을 꾸고 있으면서도 그것이 꿈인 줄을 모르고 현실로 착각하고 있는 것이라고 생각합니다.

많은 것들을 곁에 두고, 다 써보지도 못하고 죽어가는 이상한 현대인,

미래의 노후대책 때문에 오늘을 행복하게 살지 못하는 희귀병에 걸린 현대인,

늘 행복을 곁에 두고도 다른 곳을 헤매며 찾아다니다 일찍 지쳐버린 현대인.

나누면 반드시 행복이 온다는 지극히 평범한 진리를 알고도 실천을 못 하는 장애가 있는 현대인, 사랑할 수 있는 시간이 얼마 남지 않았다는 사실을 알고도 사랑하지 못하는 바보 같은 현대인, 서로가 파멸의 길로 간다는 사실을 알고도 자연, 지구 파괴의 길을 버젓이 걷는 우매한 현대인들입니다.

힘들게 벌어놓은 재산은 그저 쌓아 놓기만 했지, 정작 써보지도 못하고, 자식 재산 싸움으로 갈라서게 만드는 이상한 부모들이 너무 많이 존재하는 현대인들 입니다.

시간을 내어 떠나가면 그만인 것을, 앉아서 온갖 계산에 머리 싸매가며, 끝내는 찾아온 소중한 여행의 기회도 놓쳐버리는 중병에 걸린 현대인. 이 모든 '전도몽상'에 헤매는 현대인이 오늘

날 바로 나 자신은 아닐는지요.

행복한 삶은 어떠해야 하는지 생각하며 본질적인 것을 놓치지 말고 살아갈 수 있으면 좋겠습니다.

'망설이는 호랑이는 벌보다 못하다' -사마천-

우리는 이상한 현대인으로 살기보다는 현명한 현대인으로 살아갈 수 있었으면 좋겠습니다.

망설이고 주저하다 보면 '그때는 왜 그랬을까?' 하는 후회가 막급일 때가 많습니다. 기해년 한 해는 핵심을 정확히 꿰뚫어 보고, 주어진 현실에서 반드시 승리하는 삶을 영위하시길 바랍니다.

전몰장병을 위한 빈 의자

미국의 현충일인 메모리얼 데이(Memorial Day)에 전국적으로 전몰장병을 위한 추모식과 아울러 재향군인들의 퍼레이드도 있다고 합니다.

얼마전 CNN 뉴스에 나온 사진에 관한 이야기를 나눌까 합니다. 애틀랜타의 메이저리그 야구팀인 브레이브스 구장에서 찍은 사진이었습니다.

야구장에 있는 '돌아오지 못한 장병을 위한 빈 의자' 옆에 ROTC후보생의 정복을 입은 한 흑인 학생이 부동자세로 서 있었습니다. 그 옆에는 야구 구경을 온 관중인 한 백인 중년 남성이 우산을 펴서 그 학생 머리 위에 씌워주고 있는 사진이었습니다.

자신은 비를 맞으면서 정복을 입은 ROTC 학생이 젖지 않도록 우산을 펴들고 있었습니다. 이 사진 한 장이 내재적인 미국의 힘을 단적으로 보여주고 있다고 생각합니다.

미국 대부분의 운동 경기장에는 빈 의자를 하나 남겨두고, 거기에 돌아오지 못한 장병을 위한 의자라고 팻말을 붙어 놓았다고 합니다. 영어로 POW는 전쟁포로(Prisoner of War)의 약자이고, MIA(Missing in Action)는 전장에서 실종된 장병의 약자입니다.

미국인들은 나라를 위하여 싸우다 전사한 장병뿐만 아니라 전쟁포로와 실종된 군인들까지 잊지 않고 챙깁니다.

그들의 국가를 위한 봉사를 잊지 말자고 사람들이 가장 많이 모이는 경기장의 가장 잘 보이는 곳에 빈 의자를 마련하여 놓습니다. '돌아와서 이 자리에 앉으십시오.' 하는 경외심을 표현하는 것이지요.

공항에서 탑승할 때, 임신부와 장애인 그리고 군인을 제일 먼저 탑승시킵니다. 나라를 지키는 군인을 존경하는 미국인의 모습과 군인을 무시하는 우리의 모습이 겹쳐 착잡함을 느끼게 됩니다.

문재인 대통령은 국가보훈처장을 장관급으로 승격하였고, 현충일 기념사에서 휴전선 일원에서 국군 유해 발굴사업을 추진하겠다고 하셨습니다. 국가보훈정책의 획기적인 개선을 기대해 봅니다.

남북의 평화 기조가 형성되고, 북미 정상회담을 앞두고, 휴전협정에서 종전협정, 평화협정을 이야기하는 이때, 올해가 제64회 현충일을 맞이하는 마음은 여느 때와 다르게 느껴집니다.

절절한 호소(呼訴)

올해가 기미년 3·1독립 운동이 일어난 지 한 세기(100년)가 되었습니다. 민족 자결과 독립에 대한 열망으로 온 민중이 들불처럼 떨치고 일어났던 자랑스러운 우리의 역사라고 생각됩니다. 그 저력이 광주 5·18민주화 운동, 6·10민주화 운동, 탄핵 촛불 시민혁명으로 이어졌다고 생각합니다.

최근 우리나라에 잘 알려져 있지 않은 '조선의 여지사(女志士)가 美 윌슨 대통령에게 보낸 편지'가 발표되어 그 의미와 가치가 재조명되고 있습니다. 그 편지 내용에는 '우리는 매 맞고, 감금되고, 칼에 베이고, 찔리고, 머리채를 잡혀 끌려가고 살해당하지만, 저항하지 않고 두 손을 모아 우리나라의 자유와 권리를 원하는 것뿐이라고 호소하고 있으며, 하늘은 향해 울부짖는 우리를 불쌍히 여겨 독립을 인정해 달라.'라고 절규하고 있습니다.

일제 치하의 치욕의 36년, 얼마나 많은 사람이 처참하게 짓밟

혔고 갈갈히 찢기어진 고통 속에서 희생되었습니까. 정신대 할머니들 보더라도 14살의 꽃다운 나이에 아무것도 모르고 끌려가 전쟁터 군인들의 위안부가 되어, 모는 것이 망가져 버린 그 분들의 인생은 누가, 어떻게 책임질 수 있습니까.

우리 선량한 민중은 무슨 잘못이 있었습니까? 힘없는 나라에 태어난 죄로, 위정자들의 잘못 둔 죄로, 치욕의 36년의 아픔을 오롯이 민중들이 겪어야 했습니다. '아픈 역사를 잊어버린 민족은 또다시 그 처절한 아픔의 역사를 되풀이할 수 있다.'라고 경고합니다.

현재 이 나라가 세계의 유일 강국으로 다른 나라의 속국이 되지 않을 만큼 강한 국가가 되어 있습니까. 우리는 아직도 세계 4대 강국의 틈새에서 언제 또 어떤 아픔의 역사가 점철될 지 알 수 없는 지정학적인 위치에 직면하고 있습니다.

우리의 힘으로 우리 자신을 지킬 수 없으면 언제 또 강국의 노리개 국민이 될지 모릅니다. 정신 좀 차리고 살아갑시다. 더는 부끄러운 역사를 우리 후손들에게 물려주지 맙시다.

지도자의 상식(常識)

작금의 정치판을 보면 국민은 어디에도 없는 것 같다. 기본 상식도 갖추지 못한 후안무치(厚顔無恥)한 국회의원을 보면서 정치에 실망을 넘어 혐오감을 갖게 된다.

국민의 대표로서 역사의식도, 책임감도 없는 그들이 국민의 대표라고 할 수 있는가. 범부의 한사람으로 한심스럽기 그지없다.

군부 독재정권 시대가 끝났다고 파도처럼 광장으로 뛰어나왔던 '80년의 봄.'의 역사가 내년이면 언 40년을 맞게 된다.

그런데 아직 5·18 민주화 운동에 정확한 진상규명이 되지 못하고 있다. 그간 요로에서 국지적인 조사를 통해 광주는 세계가 인정하는 민주화 운동의 성지라고지만, 아직도 그들은 괴논리로 5·18이 왜곡하고 폄하되고 있다.

그 집단의 중심이 제1야당이라니 정말 이해할 수가 없다.

정치적으로 싸워서 정권을 획득하는 노력을 인정할 수 있다지만, 그래도 역사적인 사실을 왜곡하여 당리략략에 이용한 것은 국민에 대한 배신 행위라고 생각된다. 어떻게 제1야당이 '지만원' 같은 똘아이 학자를 내세워 시대에 역행하는 공청회를, 그것도 민의의 전당 국회에서 버젓이 열 수가 있다는 말인가.

당내에서도 심심찮게 터져나오는 5·18 망언을 자행한 3명 중, 2명은 당 최고의원에 당선되고 징게도 유야무야 하니 이게 상식을 가진 공당으로서 있을 수 있는 일인가 묻고 싶다.

'김OO 의원이 이번 계기로 인지도가 올랐다.'라고 자랑하고 다닌다고 한다.

옛 어르신(선인)들의 글이 생각나서 올린다.

'약인 작불선 득현명자 (若人 作不善 得顯名者)'

만약 사람이 못된 짓을 해서 이름을 얻은 자는

'인수불해 천필주지 (人雖不害 天必誅之)'

비록 사람들이 해치지 않더라도 하늘이 반드시 죽일 것이다.

-장자님 말씀-

지금 와서, '00당의 공식 입장이 아니다 국민에게 사과드린다.' 이런 무책임한 정당을 국민이 용서할 수 있을까? 대한민국의 민주화를 위해 그 많은 사람이 피를 흘리며 죽어 갔고, 지금도 그 후유증으로 고통 받고, 죽지 못해 살아가고 있는 희생자들의 가족과 그들의 삶을…….

자신들 일신의 영달을 위해 사실을 왜곡하고 폄하하는 상식 없는 언행이, 역사적인 죄가 되고 국민에게 얼마나 큰 상처가 될 것인가? '역지사지(易地思之)해야 하는 것은 아닌가. 이제 조금은 잊혀 가고 있는데 또 생채기로 아픔을 파헤치는 것 같아서 마음이 아프다.

아직도 정신을 못 차리고 있는 제1야당이 안쓰럽다. 이렇게도 역사의식도, 국민의 정서를 모르고 있을까. 내년 총선을 앞두고 각자도생(各自圖生)을 시도하는 데 성공할까 싶다.

하백의 깨달음

내가 보는 세상이 가장 크고, 내가 알고 있는 지식이 가장 위대하고, 내가 뛰고 있는 시간이 가장 빠르다고 생각하는 사람이 있습니다.

일명 장자(莊子)가 말하는 우물 안의 개구리, 정저지와(井底之蛙)입니다. 자신이 우물 속에서 보는 하늘이 전부라고 생각하는 사람에게는 진짜 하늘을 설명할 수 없습니다.

어느 날 황하의 신, 하백(河伯)이 자신이 다스리는 황하가 가을 물이 불어나서 끝없이 펼쳐진 것을 보고 무척 흡족하였답니다. 그런데 바다를 만나보고는 경악을 할 수밖에 없었습니다. 자신이 세상에서 가장 크다고 했던 생각이 무너진 겁니다.

바다를 지키는 신, 약(若)은 황하의 신 하백에게 3가지 충고를 해 줍니다.

우물 속에 있는 개구리에게는 바다에 대하여 설명할 수가 없다. 그 개구리는 자신이 살고 있는 우물이라는 공간에 갇혀 있기 때문이다.

한여름만 살다 가는 여름 곤충에게는 찬 얼음에 대하여 설명해 줄 수가 없다. 그 곤충은 자신이 사는 여름이라는 시간만 고집하기 때문이다.

편협한 지식인에게는 진정한 도(道)의 세계를 설명해 줄 수 없다. 그 사람은 자신이 알고 있는 가르침에 묶여 있기 때문이다.

장자는 이 고사를 통해 세 가지 집착과 한계를 파괴하라고 충고합니다.

첫째, 자신이 속해 있는 공간을 파괴하라.

둘째, 자신이 살아가는 시간을 파괴하라.

셋째, 자신이 알고 있는 지식을 파괴하라.

우물 안의 개구리는 공간에 구속되어 있고, 여름 벌레는 시간에 걸려 있고, 지식인은 지식의 그물에 걸려 있다는 것입니다.

돌아보면 우리도 이 세 가지 그물에 걸려 있는 경우가 많습니다.

-알량한 학벌과 지식으로 어느 누구의 말에도 귀 기울이지 않는 지식의 그물.

-좁은 일터와 연줄에 얽혀 있는 공간의 그물.

-눈앞의 이익만 생각하고 멀리 내다볼 줄 모르는 시간의 그물.

이 얽힌 그물들을 걷어내지 않는다면 진정한 승자로 남기는 어려울 것으로 생각됩니다.

어려울 때일수록 내가 보는 하늘만이 옳다고 하지 말고, 다른 사람이 보는 하늘도 인정해 주는 여유가 필요하다고 생각합니다.

'우물에서 나와서 저 넓은 하늘과 바다를 만나야 합니다.'

바야흐로 정치 시즌이 도래하였습니다. 서로가 적임자라고 아우성칩니다.

얄팍한 철학과 신념으로 자기도취에 빠져있는 지도자. '정저지와(井底之蛙)', '후안무치(後顏無恥)'한 지도자, 자기중심적인 생각으로 계속 머무르지 않기를 주문해봅니다.

친구야 힘내라

요즘 모두 살아가기 힘들다고 아우성칩니다. 장사하는 사람은 인건비가 높다고 난리고, 최저시급 근로자들은 생계비가 안 된다고 더 올리라고 합니다.

'무노동 무임금임금(No Work No Pay)'이라지만 국회의원들은 자가당착에 빠져서 일도 하지 않고 1,140만 원 세비를 꿀꺽하고, 자신들의 유익을 위해서는 그렇게 싸우다가도 '봉급 올리는 것, 보좌관 늘리는 것, 각종 수당 만드는 것' 등은 일사천리로 통과시키는 모습은 '후안무치(厚顔無恥)'하기 그지없습니다.

누구에게나 한 짐 안 되는 삶이 어디 있으며, 힘들지 않은 만만한 인생이 어디 있겠습니까?

국민의 대표로서 '선공후사(先公後私)' '공명정대(公明正大)'하게 하여 국민들이 자괴감을 느끼지 않고, 힘내서 살아갈 수 있는 살맛나는 세상이 되었으며 좋겠습니다.

얼마 전 제가 좀 힘든 모습을 보였더니 친구에게서 이런 문자가 왔네요.

"인생이란 폭풍우가 지나갈 때까지 기다리는 게 아니라, 그 빗속에서 춤추는 법을 배우는 거래요. 밤이 오지 않으면 별이 뜰 수 없듯이 모든 위기는 기회일 수 있답니다. 항상 응원하고 기도하고 있어요. 존경하는 우리 친구 건강하고 행복하시면 좋겠어요. 걱정근심 내려놓고, 그대로의 모습으로, 늘 함께 해 주세요. 사랑합니다."

공자는 좋은 벗을 책선지우(責善之友)로 정의하였습니다.

선(善)한 뜻을 가지고 선한 방법으로 충고하는 친구가 진정한 벗이라는 의미입니다. 이렇게 진정성을 담은 '문자 한 통'이라도, 힘이 되어 주는 멋진 친구가 되어주세요.

'이 또한 지나가리라 친구들아. 힘내자.'

6 행복 찾아가기

FOLLOW •••

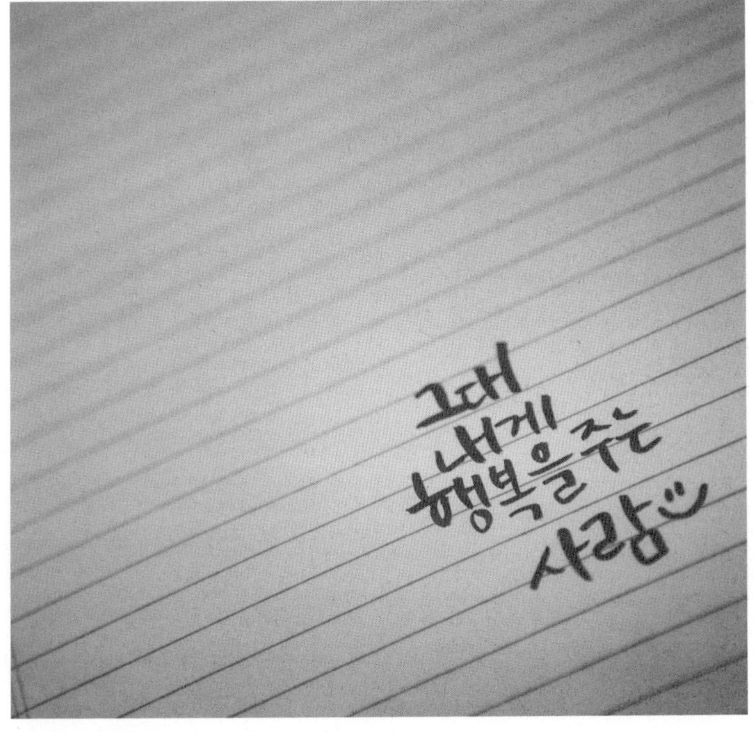

♥ 0000 likes

#가난한 작은 새의 기도(祈禱) #늘 행복하세요 #록펠러의 나눔의 삶
#미소 속의 행복(幸福) #'속도'가 아니라 '방향(方向)'이다
#쉰 살 중턱을 넘어서 알게 됩니다 #오늘을 산다는 것
#자신을 돌아보기 #자신의 삶에 만족을 느껴라 #행복(幸福) 찾아가기
#저녁이 있는 삶 #행복을 찾는 시간(時間) #행복의 요인(要因)
#행복의 조건(條件) #행복하고 성공적인 관계(關係) #화해의 기술(技術)

가난한 작은 새의 기도(祈禱)

꼭 필요한 만큼만 먹고
필요한 만큼만 둥지를 틀며
욕심을 부리지 않는 새처럼
당신의 하늘을 날게 해주십시오
가진 것 없어도
맑고 밝은 웃음으로
기쁨의 깃을 치며
오늘을 살게 해주십시오

-'가난한 새의 기도' 이해인-

봄이라 새들이 둥지를 틀고 알을 품어서 새끼를 깨웁니다. 일찍 깬 새들은 무리를 지어 서투른 몸짓으로 먹이 사냥을 합니다.

어린 새는 아직은 날기조차 힘든데, 천지분간(天地分揀)을 못하고 어미를 쫓아서 이곳저곳 열심히 날갯짓합니다. 조금 더 자라면 짝짓기도 하고, 높이 날며 영양가 만점 먹이 사냥도 하겠지요.

푸른 하늘을 비상하는 어미 새의 날갯짓을 봅니다. 예리한 눈빛으로 꽃도 보고, 먹이도 보고, 사람도 보겠지요.

'나의 선택은 가난을 위한 가난이 아니라, 사랑을 위한 가난이기에 모든 것을 버리고도 넉넉할 수 있음이니.'

우리는 무엇을 위해 날갯짓하며 이 험난한 세상 무엇을 위해 살아가야 합니까? 가난한 새의 날갯짓처럼, 하늘을 떠도는 구름처럼, 욕심도 탐욕도 벗어 던지며 오직 사랑으로 눈물 보따리 보듬으며 여수여풍이종아(如水如風而終我), 물같이 바람같이 살다가 가야 합니까?

오늘은 해맑은 봄 날씨가 푸름을 더해 줍니다. 파란 하늘 쳐다보며, 행복감 느끼는 기쁜 주일 되었으면 좋겠습니다.

'삶의 목적이 행복이라면 웃음은 행복의 문을 여는 열쇠이다.'

-아리스토텔레스-

늘 행복하세요

우리는 모두 행복하게 살고 싶어 합니다. 그 행복은 우리의 마음속에, 일상 속에 깃들어 있습니다. 사랑하는 사람이 있어야 행복하게 살아갈 수 있다고 합니다.

우리의 삶은 관계 속에서 살아갑니다. 그 사람들의 성격은 얼굴에서 나타나고, 본심은 태도에서 나타나며, 감정은 음성에서 나타난다고 합니다.

센스는 옷차림에서 나타나고,
청결함은 머리카락에서 나타나며,
섹시함은 옷맵시에서 나타난다고 합니다.

그러므로 사랑은 이 모든 것을 '어떻게 관리하는가.'가 중요하다고 생각됩니다.

욕심은 부릴수록 더 부풀고,
미움은 가질수록 더 거슬리며,

원망은 보탤수록 더 분하고,

아픔은 되씹을수록 더 아리며,

괴로움은 느낄수록 더 깊어지고,

집착은 할수록 더 질겨지는 것이니,

부정적인 일들은 모두 지우는 게 좋을 것 같습니다. 지워 버리고 나면 번거롭던 마음이 편안해지고, 마음이 편안해지면 사는 일이 언제나 즐겁다고 합니다.

칭찬은 해줄수록 더 잘하게 되고,

정은 나눌수록 더 가까워지며,

사랑은 베풀수록 더 애틋해지고,

몸은 낮출수록 더 겸손해지며,

마음은 비울수록 더 편안해지고,

행복은 더 커지는 것이니,

평범한 일상생활에서도 언제나 감사한 마음으로 즐겁고 밝게 사는 것보다 더 좋은 게 또 있을까요.

행복은 자신의 마음속에 있는 것은 아닐까요.

저는 항상 당신을 생각합니다. 그러므로 당신이 오늘도 행복했으면 합니다.

록펠러의 나눔의 삶

백만장자 록펠러는 유년 시절은 가난했다고 합니다. 그러나 열심히 노력하여 33세에 백만장자가 되었고, 43세에 미국의 최대 부자가 되었고, 53세에 세계 최대 부자가 되었지만 행복하지 않았습니다.

그런데 그는 55세에 불치병에 걸리고 말았습니다. 모든 병원의 의사들은 남은 수명이 1년밖에 안 된다고 선고하였습니다. 그는 희망을 잃은 마음으로, 최후의 검진을 위해 휠체어를 타고 병원으로 가는데 병원 로비에 걸려있는 액자의 글이 눈 안에 들어왔습니다. '주는 자가 받는 자보다 복이 있다.'

그 글을 보는 순간 마음속에 전율이 생기고 눈물이 났습니다.

나는 지금껏 모으기만 했지, 줄 줄을 몰랐구나.

선한 마음이 온몸을 감싸는 가운데 눈을 지그시 감고 자기가 살아온 삶에 대하여 깊은 생각에 잠겼습니다.

잠시 후 시끄러운 소리에 정신을 차리게 되었는데 어머니가 딸의 입원비 문제로 애걸하며 다투는 소리였습니다.

병원 측은 '입원비가 없으면, 입원이 안 된다.' 하고, 어머니는 '입원시켜 달라.'라고 울면서 사정하는 소리 이었습니다.

록펠러는 곧 비서를 시켜, 소녀의 병원비를 지급하고 누가 지급하였는지 모르게 하였습니다.

얼마 후 은밀히 도운 소녀가 기적적으로 회복이 되어 퇴원하는 모습을 조용히 지켜본 록펠러는, 얼마나 기뻤던지 후일, 그의 자서전에서 이렇게 표현했습니다.

'저는 인생을 살면서 이렇게 행복한 삶이 있는지를 몰랐습니다.'

나누는 삶의 행복을 알게 된 것입니다.

그때부터 그는 나누는 삶을 작정합니다.

그와 동시에 신기하게도 그의 병이 치료되었습니다.

그 뒤 그는 98세까지 살면서 나누는 일에 힘쓰며, 선한 일을 하는데, 인생을 바쳤습니다.

세월이 흐른 후에 그는 회고합니다.

'인생 전반기 55년은 쫓기면서 불행하게 살았지만, 후반기 43년은 행복하게 살았다.'

인생의 삶은 나누는 것이 '행복'이고 '평화'입니다.

건강할 때 나누십시오.

건강을 잃으면 나눌 수 없습니다.

부족하지만 지금 그 자리에서 나누며 살아가십시오.

너무 많으면 욕심 때문에 나눌 수 없고, 너무 없으면 가난 때문에 나눌 수 없습니다.

그 자리에서 작은 나눔이라도 실천하며 살아갑시다.

늘 당신을 응원합니다.

오늘은 불금이네요. 즐거운 휴일을 생각하며, 다소 무덥고 힘든 일 있더라도 조금 여유로운 마음으로 편안한 하룻길 보내세요.

미소 속의 행복(幸福)

미소는 힘들이지 않고 주는 이를 가난하게 만들지 않고, 받는 이를 부유하게 해주는 것 같습니다.

미소는 잠깐밖에 지속하지 않지만, 그 기억은 영원할 수도 있습니다.

아무리 부자라도 미소가 필요 없는 사람은 없고, 아무리 가난해도 미소조차 짓지 못할 만큼 가난한 사람은 없습니다.

미소는 집안에 행복을 남게 하고, 일 가운데 지탱의 힘이 되어주고 모든 고통의 치료제가 됩니다.

실망한 사람에게 용기를 북돋아 주며, 슬퍼하는 사람에게 위로가 되어줍니다.

미소는 사거나 빌리거나 훔칠 수 없습니다.
미소 짓는 그 순간에만 가치가 있기 때문입니다.

때로 미소 지어주기를 바라던 사람이 당신에게 미소 지어 주지 않을 때, 당신은 너그러이 그 사람에게 미소 지어 주십시오.

미소를 지을 줄 모르는 사람만큼, 미소가 필요한 사람은 없기 때문입니다.

오늘 아침에 만나는 누군가에게 잔잔한 미소를 보내 주세요.
입가에 옅은 미소를 지으면 서로 공감하고, 그분에게도 기쁨과 위로가 되고, 용기가 되는 상쾌한 하루의 시작이 될 테니까요.

'속도' 가 아니라 '방향(方向)' 이다

"우리 모두 죽어라 열심히 살아왔습니다. 우리 자식에게도 죽도록 열심히 하면 된다."라고 가르쳐 왔습니다. 그러나 우리는 행복하지 않습니다.

헬조선, 불반도, N포 세대….

우리 사회가 열심히 안 해서 생기는 문제가 아니라 문제는 바른 방향을 모르고 있기 때문이라 생각합니다.

'인생이란 무엇인가, 어디서 왔다가 어디로 가는 것이며 어떻게 살다가 살 것인가.'

진정한 행복을 위한 철학의 부재입니다.

삶의 참 의미와 가치를 지향해야 한다고 생각합니다.

자식을 위해 올인 하는 것에 대해서도 '돈을 드리지 말라는 것이 아니라. 이것이 자식의 행복한 삶을 위해 진정 도움이 될까.'

고민할 필요가 있다는 것이지요.

이런 노력이 가정의 행복한 미래를 줄 수 있고, 지속 가능한 발전을 담보할 수 있느냐 하는 것입니다.

우리 사회가 비약적인 발전과 성장을 거듭해 왔습니다. 그러나 균형있는 행복한 삶을 위해서는 이제는 자율성과 성숙함을 겸비해야 한다고 생각합니다.

우리가 진정 힘들게 고생하는 이유를 알아야 합니다.

우리가 불행한 것은 열심히 안 해서가 아니라. 무엇을 위해 애쓰고 있는지를 잃고 살아가기 때문이 아닌가 생각합니다. 우리의 현실을 돌아봐야 한다는 것입니다.

지금 우리를 싣고서 내달리고 있는 열차가 '속도(速度)' 보다는 '방향(方向)'을 제대로 설정해가야 할 때가 아닌가 생각합니다. 소유욕과 이기심의 동력으로 달리는 무한경쟁의 열차입니다.

이 열차가 계속 이렇게 내달린다면 혹시 벼랑 아래로 추락하지는 않을까, 하는 불안감마저 듭니다.

더 늦기 전에 인간과 지구가 공존하고 내가 행복하고 모두가 공생하기 위해서 열차가 달리는 방향을 바꾸어야 합니다.

문제는 속도(速度)가 아니라 방향(方向)이라고 생각합니다.

당신은 지금 무엇을 위해 달려가십니까.

쉰 살 중턱을 넘어서 알게 됩니다

인생은 운칠기삼(運七技三)이라는 말이 있습니다. 여기에서 운(運)은 운명적인 만남을 말하는 것 같습니다.

그간 인사차 만나는 사람마다 명함을 뿌렸지만 기억하는 사람은 거의 없고, 잘난 사람보다 약간 부족한 듯, 살아가는 사람이 회사를 오래 다닌다는 사실도 알게 되었습니다.

무엇이든 그 분야에서 20년은 해야 겨우 전문가 소리를 듣고, 직장에서 받는 월급은 내가 회사에 공헌해서 받는 것이 아니라 내 인생의 기회 손실에 대한 비용이라는 것도, 정치인도 정의롭고 유능한 일꾼을 뽑는 것이 아니라 자신에게 유익한 사람을 뽑는다는 것도 알았습니다.

인생은 생각대로 안 되지만 이겨내면 그 맛도 괜찮다는 것도, 인생은 성적순이 아니고, 학교의 우등생이 사회 우등생이 아니라는 것과 수십 년 만에 동창 모임을 나가보면 인생 역전이 많다는 것도 알게 되었습니다.

최근에는 좋은 직장에서 잘나가던 친구들은 벌써 실업자가 되어 있습니다. 결국 남는 것은 빛바랜 사진, 자식, 경험의 콘텐츠이며 언젠가는 뿌린 대로 거둔다는 것과 누구나 자기만족에 빠져 살아가고, 나이가 들면 불필요한 말이 많아지고, 어쩔 수 없이 체력은 점점 떨어진다는 것을 알았습니다.

사람들의 추억이나 기억은 매우 부정확하고, 왕년의 추억을 먹고 살며, 인생에서 가장 큰 실수는 사람들의 관계에서 영양가를 따지는 것이라는 것을 알았습니다. 그냥 상대는 쳐다보지 말고 자신의 할 도리만 하면서 담대하게 걸어가야 마음이 편하다는 것도 알게 되었습니다.

인생에서 행복해지려면 두 가지를 알아야 합니다. 하나는 다른 사람들에 대해서 기대감을 낮추는 것과 두 번째는 자신의 욕망으로 엉뚱하고 무모한 꿈으로의 여행을 멈추는 일입니다. 한 번 떠나면 절대로 돌아오지 않는 것들은 '입 밖에 낸 말, 쏴버린 화살, 흘러간 세월, 놓쳐버린 기회, 돌아가신 부모님'입니다.

이렇게 대부분의 이유에 대해 고개가 끄덕여지는 것은 내가 쉰 살 중반의 이제 '아재 버전'이 되었다는 것인가요. 그래요, 자연의 섭리에 순응하며 살아가는 것입니다.

오늘을 산다는 것

우리는 사람 속에 묻혀 살면서 사람의 목마름이 얼마나 큰지를 알지 못하고 살아가는 것 같습니다.

이 팍팍한 세상에 누군가 나의 안부를 물어 준다는 게 얼마나 다행스럽고 가슴 떨리는 일인지, 사람에게는 사람만이 유일한 희망이라는 걸 깨우치며 산다는 건 또 얼마나 어려운 일인지, 오늘을 살아가면서 누군가를 사랑하고, 내가 하고 싶은 일을 하며 살아갈 수 있다는 것은 참으로 행복한 일입니다.

나는 오늘도 내가 아는 사람들의 안부를 일일이 묻고 싶습니다. 이 땅의 모든 사람과 나를 아는 사람들에게 오늘 하루도 잘 살고, 즐겁고 행복한 하루 만들 수 있다는 것인지를 요즘 많은 생각을 하면서 지냈습니다.

'우리 인생 안녕하십니까?'

저는 얼마 전 학사장교 후배의 이야기 인생 다큐멘터리 '뚜르

: 내 생애 최고의 49일'을 보았습니다.

이 영화는 체육 교사를 꿈꾸던 스물여섯의 평범한 청년 이윤혁이 어느 날 갑자기 찾아온 희귀임 말기 선고에도 불구하고 삶을 포기하지 않고 끝까지 새로운 꿈을 향해 희망을 찾아가는 이야기입니다.

2번의 대수술과 25차의 항암치료에도 불구하고 시한부 선고를 받게 된 이윤혁은, 생의 끝 좌절의 순간에도 '뚜르드프랑스' 3,500km를 자전거로 완주하는 꿈을 향해 끝까지 도전하는 내용입니다.

기회를 만들어 자녀와 함께 보시면 좋겠다는 생각이 들었습니다.

'우리의 자식들 안녕하십니까?'

필자는 자식들과 자주 대화를 하며 서로의 생각을 공유하고 있습니다.

이 땅의 젊은이들은 어떻게 살아가야 할까요?

자기 삶의 지향점을 되돌아보고, 자녀들 꿈에 대해 무엇을 더 할 수 있을까요. 많은 생각에 잠겨봅니다.

자신을 돌아보기

우리가 인생을 살면서 내일을 알 수 없기 때문에 늘 흔들리고 어느 것 하나 결정하는 것이 쉽지가 않은 것 같습니다.

말로는 쉽게 '행복하다' '기쁘다' '잘하고 있어'라고 이야기하지만 누구에게나 힘든 일이 있기 때문입니다.

얼마만큼 행복하고 어느 정도 기쁘게 살아가고 있는지 알 수는 없지만, 그저 모두 바쁘게 달려가고 있습니다.

나이 들고 실패하고 건강을 잃으면, '아, 이게 아닌데'하는 생각을 하게 될 텐데 말입니다.

왜 그렇게 열심히 어디를 향해서 무엇을 위해서, 바쁘게 내달리고 있는 것인지 모를 일입니다.

결국 인생은 나를 찾아갈 뿐인데 말입니다.

고통, 갈등, 불안, 이별, 좌절 등도 모두 나를 찾아가기 위한 과정에서 만나는 것들이라고 생각이 듭니다.

나를 만나기 위한 길이 이렇게 힘든 것입니까.

나를 찾는 그 날부터 삶은 고통에서 기쁨으로, 좌절에서 열정으로, 복잡함에서 단순함으로, 불안에서 평안으로, 불행에서 행복으로 바뀔 수 있는 것일까요.

아무리 화려해도 몸에 맞지 않는 옷을 입으면 불편하듯이, 아무리 멋진 풍경도 마음이 다른 데 있으면 눈에 들어오지 않듯이 잠깐 쉬면서 나를 돌아볼 시간이 필요한 것은 아닐까요. 내가 보일 때 행복과 기쁨도 찾아온다고 합니다.

매년 한해를 반성하고 희망찬 새해 계획을 세워가곤 하지만, 늘 부족함으로 후회만 남겨지는 것 같습니다.

봄처럼 따뜻한 날씨가 이어지더니 오늘부터는 추워진다고 하네요. 기쁨과 행복이 넘치는 새해 만들어 가세요.

자신의 삶에 만족을 느껴라

자신의 삶에 만족을 느낀다는 것은 참으로 행복한 일입니다. 스스로의 삶을 만족하며 즐거운 마음으로 이웃을 만날 수 있다는 것 역시 행복한 일임에 틀림없습니다.

스스로 불행하다고 생각하는 사람이나 또는 스스로 행복하다고 생각하는 사람이나 세상의 무게는 하나입니다. 그러기에 행도 불행도 자신의 삶속에서 발견하는 것이요, 느끼는 것이 아닐까 싶습니다.

그래서 행복도 하나의 기술이라 말 할 수 있는 것입니다.

만족을 아는 사람은 비록 가난해도 부자로 살 수 있고, 만족을 모르는 사람은 많이 가졌어도 늘 가난합니다.

자신의 인생을 불행하게 느끼거나 행복하게 느끼거나는 소유의 문제가 아니라 지혜의 문제라고 생각됩니다.

슬기로운 사람은 남들이 불행하다고 생각하는 조건 속에서도 만족함을 발견하고, 어리석은 사람은 남들이 부러워하는 조건 속에서도 눈물을 흘립니다.

우리가 세상을 살면서 존경할 스승이 있고 섬겨야 할 어른이 있으며, 격의 없이 대화할 친구나 이웃이 있으니, 이 또한 얼마나 좋은 일일까요.

남들이 보잘 것 없다고 여길지라도 내가 열심히 할 수 있는 일을 갖는다는 것도 행복한 일입니다. 그래서 작은 것을 소중하게 여기고 명성보다는 진실을 사랑할 줄 아는 사람이 행복한 사람이라고 생각됩니다.

지나간 일에 매달려 잠 못 이루며 방황하지 말고, 잊을 것을 빨리 떨쳐버리고 삶의 현장에서 열심히 노력하며 살아가야 할 것 같습니다.

다시 한 번 행복은 행복하다고 생각하는 사람의 마음속에서 더욱 튼튼하게 자란다는 것을 우리 모두 잊지 않았으면 좋겠습니다. 즐겁고 행복한 나날 만들어 가세요.

행복(幸福) 찾아가기

대부분의 사람들은 삶을 마치 경주라고 생각하는 듯해요. 목적지에 빨리 도달하려고 헉헉거리며 달리는 동안 주변에 있는 아름다운 경치를 모두 놓쳐버리는 거예요.

그리고 경주가 끝날 때쯤엔 자기가 너무 늙었다는 것을 알게 되고, 빨리 도착한다는 건 별 의미가 없다는 것을 알게 되지요.

-진 웹스터의 『키다리 아저씨』 중에서-

정작 중요한 것은 1등 하는 것만이 아니라고 생각됩니다. 엄청난 즐거움보다는 작은 것에서 즐거움을 찾아내는 자세가 아닌가 생각합니다.

저는 행복해지는 비결을 알 것 같아요.

과거에 얽매여 평생을 후회하며 산다거나, 미래에 기대어 지금의 즐거움을 포기하는 것이 아니라. 바로 현재를 열심히 즐기는 것이라 생각합니다.

행복을 꿈꾼다고 해서 다 행복해질 수 있는 것은 아닙니다. 행복한 이들은 '행복의 꿈'을 꾸는 것에 그치지 않고 그 꿈을 위해 무언가에 지속해서 시간을 담아간다는 것이지요.

행복해지는 비결은 바로 현재를 사는 것입니다. 과거에 얽매어 평생을 후회하며 살아가거나, 미래를 기대는 것이 아니라 지금, 이 순간 최대의 행복을 찾아가는 것이라 생각합니다. 정작 중요한 것은 엄청난 즐거움보다는, 작은 것에서 즐거움을 찾아가는 자세라는 것이지요.

지금, 이 순간 최대의 즐거움을 찾아내어 행복해지는 것이지요. 지금, 이 순간이 행복하면 일생이 행복해진다는 것입니다.

오늘은 해맑은 가을 하늘을 볼 수 있을 것 같네요. 천고마비(天高馬肥)의 계절, 높고 푸른 하늘을 쳐다보며 여유도 부려보고 싶은데, 추석 연휴도 얼마 남지 않아서 마음이 바빠지네요.

대 명절 준비 잘하셔서 행복감 넘치는 추석 보내시기 바랍니다.

저녁이 있는 삶

역사와 세상을 바꾼 우리들의 이야기 영화 '1987'보며 눈시울이 붉히며 그때 그 시절 상념에 사로잡혔습니다.

본인은 6·10 민주 항쟁의 시발점인 1986년 10월 '건국대학교 6월 항쟁'의 본거지인 건국대학원에서 행정학석사 과정 중에 있어서 학생과 직장인(화이트칼라)들과 함께 그 치열한 현장을 누볐던 시간이 주마등처럼 스쳐 갔습니다.

서슬 퍼런 독재정권 하에서 국민의 인권은 유린당하였고 자유권은 박탈되어 삶의 질을 논할 수조차 없는 가슴 저린 암담한 시절이었습니다. 국민이 행복할 수 있는 일은 무엇일까요.

요즘 '저녁이 있는 삶'에 대한 이야기를 많이 합니다.

낮에는 일터에서 열심히 일하고, 저녁에는 가족들과 함께 즐겁고 행복한 시간을 갖고, 자유 권리를 누리자는 것입니다. 그

것이 우리의 평범한 일상이 되어야 한다는 것입니다.

문화공연을 제대로 즐기려면 돈이 많아야 할까요? 아니면 시간이 많아야 할까요?

한마디로 야근이 없이 저녁이 있는 삶을 즐길 수 있는 사람이 문화 공연을 즐길 확률이 높다는 빅 데이터의 분석이 매일경제 신문에 게재 되었습니다.

우리 요양원의 직원들은 24시간, 365일 긴장 상태에서 근무가 이어집니다. 그래서 더욱더 종사자들의 근무 여건 개선과 적절한 처우 개선이 필요 하다고 생각합니다.

저녁이 있는 삶이란 상생의 가치로 노력한 만큼 얻을 수 있는 삶이고, 절망 대신에 희망을 가질 수 있는 삶입니다. 서로 돕고 함께 잘 살아가자는 삶의 가치입니다.

우리 사회에 만연한 이분법적 구도를 반대하는 가치라고 생각합니다. "돈 벌기 위해서는 가족과 함께 저녁을 먹고 대화하는 것을 포기해야 하고, 내가 잘 살려면 다른 누군가는 못 살아야 하고, 내가 옳으면 누군가는 반드시 틀려야 한다."는 사고의 틀에서 벗어나는 것입니다.

직업을 구하는 것, 돈을 버는 것, 개인으로서 그리고 가족 구성원으로서 기본적인 행복을 누리는 모든 것이 동시에 이루어지는 사회를 꿈꾸고 있습니다.

하루 일을 마치고 비누향기 날리며 가족과 함께 식탁에 둘러앉아 웃음꽃을 피울 수 있는 저녁 생활이 보장되는 행복한 삶을 꿈꾸고 있습니다.

“떳떳하게 일하고 당당하게 누리자!, 모두 함께 일하고 모두 함께 나누자!”

저녁이 있는 삶은 “너의 기쁨, 슬픔이 나의 기쁨과 슬픔! 이제 가슴을 열고 이야기를 나누자!”라고 노래하고 있습니다. 우리 사회가 개인의 삶이 보장되고, 행복한 가정을 지켜지고, 더불어 잘 살아가는 살맛나는 사회를 지향하고 있습니다.

이제는 ‘저녁이 있는 삶!’이 우리의 일상이 되고, 우리 모두의 행복이 되어야 한다고 생각해 봅니다.

행복을 찾는 시간(時間)

천천히 걸어도 빨리 달려도 우리에게 주어진 인생은 오직 한 세상인 것을 알면서도 잊고 살아갑니다.

우리는 누구나 할 것 없이 더러는 조금 살다가 더러는 오래 살다가 그렇게 우리는 가야한다는 것을 알면서도 영원히 살 수 있는 것처럼 살아갑니다. 이 소중한 시간에 우리 사랑하며 서로 이해하며, 그렇게 살아갔으면 좋겠습니다.

우리에게 주어진 인생, 둘도 없는 삶, 좋은 것을 담아야 하고, 행복하기를 바라지만 때론 무너지는 아픔조차도 감내하며 살아가야 합니다.

지난 날을 후회하기보다는 남은 날 희망을 생각하고, 내 자신보다는 주위를 생각하며 더불어 행복을 찾아가면서 그렇게 후회 없이 원 없이 살아 같으면 합니다.

어떤 바람에도, 이름 모를 돌멩이에도 보이지 않는 내 마음에도 감사하는 마음으로 그냥 그렇게 살아가야 합니다.

미움이 생기면 그러려니 하고, 그냥 그렇게 좋은 마음으로 정다운 사람들과 오붓하게 웃으면서 살아갈 수 있었으면 참 좋겠습니다.

어젯밤 떠 있던 달무리는 그리움을 더하게 하더이다. 오늘은 차가운 가을비가 내린 다네요. 이 비가 그치면 두터운 스웨터를 챙겨야 할 것 같아요. 기온의 변화에 건강관리 잘하십시오.

행복의 요인(要因)

행복이란 무엇일까요? 부(富)를 많이 가진 사람, 권력(權力)을 잡은 사람, 대중의 인기를 한몸에 받는 사람일까요?

삼중고의 성녀 헬렌 켈러는 자신에게 3일 동안만 볼 수 있다면, 다음과 같은 일을 해 보고 싶다고 했습니다.

첫날에는 자신을 가르쳐준 설리번 선생님을 찾아가 얼굴을 보고, 그리고 산으로 가서 아름다운 꽃과 풀과 빛나는 노을을 보고 싶다고 했습니다.

둘째 날에는 새벽에 일찍 일어나 먼동이 터오는 해돋이를 보고, 저녁에는 영롱하게 빛나는 하늘에 별을 보고 싶다고 했습니다.

셋째 날에는 아침 일찍 큰길로 나가 부지런히 출근하는 활기

찬 표정을 보고, 낮에는 아름다운 영화를 보고, 저녁에는 화려한 네온사인과 쇼윈도의 상품들을 구경하고, 밤에는 집에 돌아와 사흘간 눈을 뜨게 해 주신 하나님께 감사의 기도를 드리고 싶다고 하였습니다.

불굴의 의지인 그녀가 그토록 보고 싶은 것이 우리가 아무렇지 않게 매일 보고 누리는 평범한 일상입니다.

'빛의 천사' 헬렌 켈러는 3중(소경·귀머거리·벙어리) 불구자이면서도 암흑 속에서 벗어나 절망하지 않고, 포기하지도 않고 자신의 길을 걸었습니다.

그녀는 왕성한 의욕과 굳건한 의지를 다지고, 늘 새로운 길을 찾아 스스로 피눈물 나는 노력으로 수많은 명언과 업적을 남겼으며 특히 장애인 복지와 복지사업의 개선을 위한 큰 족적을 남겼습니다.

저는 어렴풋이 남아있는 아버님의 장애가 복지 분야에 투신하게 된 계기가 되었습니다. 늘 부끄러운 마음으로 스스로 돌아보게 됩니다. 과연 나는 무엇이고, 지금 잘하고 있는 것인지, 어떻게 살아가야 할 것인지 등의 자기반성(自己反省)을 합니다.

오늘은 비바람이 친다고 하네요. 차가운 날씨에 낙엽이 을씨년스럽게 길가에 뒹굴고 '마지막 잎새'는 몸부림치겠네요.

매서워진 추위에 감기 조심하시고, 행복감 넘치는 일상 만들어 가시길 바랍니다.

행복의 조건(條件)

우리가 살아가면서 궁핍함에 힘들고 괴로움을 느낄 때도 있습니다. 그 어려움을 겪으면서도 자신의 길을 터벅터벅 걸어가는 사람도 있습니다. 우리가 살아가면서 생활이 어려워도 그것을 숙명으로 받아드리며 묵묵히 자신의 길을 걸어갑니다. 그 삶은 아무것도 소유하지 않고 있는 것처럼 보이나, 실제로는 모든 것을 소유하고 있는 사람 일 수 있습니다. "그 길은 행복한 삶입니다."

남이 부러워 할 정도의 여유 있는 사람이 있습니다. 모든 것이 행복해 보일 듯하지만, 실제로는 마음이 추울 수도 있습니다. "욕심이 크기 때문입니다!" 어려움을 아는 사람은 행복의 조건이 소박하지만, 가진 사람의 욕심은 끝이 없기 때문이지요. 모든 것이 갖추어진 사람은 만족을 모를 터이니 불행할 수 있고, 늘 마음은 추운 겨울일 수 있습니다. 몸이 추운 것은 옷으로 감쌀 수 있지만, 마음이 추운 것은 어떻게 해결할 수 있는 방법이 없습니다. 누구나 살아가는 기준이 다르고, 행복에 조건이 하나

일 수는 없습니다.

어려운 상황 속에도 그 상황에 굴하지 않고 자신의 꿈을 향해 꾸준히 노력해 가는 도전자의 길을 당당히 걸어가는 것은 아름다운 삶이라고 할 수 있습니다.

생긴 모양새가 다르고, 생각도 다른 우리의 삶의 모습이 '각양각색(各樣各色)'이라지만, 우리는 이 세상에 왔고 얼마간 살다가 머지않아 피안의 언덕을 넘어가야 합니다.

'물질만능 주의(物質萬能 主義)'가 판을 치는 이때에 가진 것이 적지만 행복을 아는 우리였으면 좋겠습니다. 비록 부유하지는 않지만 남과 비교해 가며 불행해 지는 우리가 아니었으면 좋겠습니다.

그것은 우리 마음이 결정하는 것이고, 행복의 필요충분조건(必要充分條件)이기 때문입니다.

남과 비교할 때 행복은 멀어 지는 것입니다. 그저 현실에 인정하며, 감사하는 마음으로 있는 그대로의 나의 모습으로 살아 갈 때 우리는 행복의 주인공이 될 수 있다고 생각합니다.

"오늘도 행복하세요!"

행복하고 성공적인 관계(關係)

사람들을 끌어당기는 사람과 등을 돌리게 하는 사람의 차이는 쉽게 눈에 띄지 않는 작은 차이에서 출발한다고 합니다.

행복(幸福)은 근사한 말이 아닙니다. 행복은 마음속 깊은데 숨어있는 진심(眞心)이며 행동하는 양심(良心)입니다.

행복은 남에게 나눠줌으로써 비워지는 것이 아니라. 없는 것을 나눔으로써 채워지는 신비로운 요술 방망이 입니다. 베푼 만큼 행복의 양(良)도 질(質) 그만큼 커집니다.

행복은 또 스스로 만족하는 데에 있습니다. 남보다 나은 점에서 행복을 구한다면 영원히 행복하지 못할 것입니다.

행복은 작은 차이는 물건을 팔고 난 다음 전화 한 통 더 해주는 세일즈맨, 아랫사람의 말을 1분 더 들어주는 리더, 미안하다는 말 한마디를 먼저 하는 배우자 등 한발 앞서 먼저 베푸는 사람에게 사람들이 몰리고, 그게 성공적인 삶을 만든다고 합니다.

행복하고 성공적인 관계를 위해 반드시 거창한 작업이 필요한 것은 아니라 전화, 인사, 칭찬이나 사과 및 감사 방법이나 횟수에 작은 변화를 주는 것만으로 우리 자신을 얼마든지 더 나은 사람으로 변화되어 갈 수 있습니다.

다른 사람들과의 관계가 껄끄럽다면, 그 자리에 누가 있었는지를 생각해 봐야 합니다. 그 중심에는 항상 자기 자신이 있습니다. 우리의 인생 '인사가 만사다'라고 합니다. 모든 것이 사람의 관계에서 이뤄진다는 것이지요. 좋은 관계를 원한다면 다른 사람을 변화시킬 것이 아니라 자기 자신을 변화해야 한다는 것입니다.

좋은 관계는 서로 간의 지속적인 관심과 배려로 가꾸어 가는 노력이라 생각됩니다. 오늘은 대체로 맑지만 매우 추운 크리스마스가 될 것 같습니다. 아기 예수 탄신을 보며, 주위의 약하고 작은 곳을 돌아보는 성탄절 보내시길 바랍니다.

메리 크리스마스.

화해의 기술(技術)

어느 노부부가 부부싸움을 했습니다.

이후 할머니는 입을 닫고, 할아버지에게 말을 전혀 하지 않았습니다.

때가 되면 밥상을 차려서는 할아버지 앞에 내려놓고 한쪽에 앉아 말없이 바느질만 했습니다. 그러다가 식사를 마칠 때쯤이면 또 말없이 숭늉을 떠다 놓기만 했습니다.

밥상을 사이에 두고 마주 앉아 도란도란 이야기를 나누던 할머니가 말 한마디를 안 하니 답답했습니다. 어떻게 해야 할머니의 말문을 열게 할지 할아버지는 한참 동안 곰곰이 생각했습니다.

잠시 뒤 할머니가 마른빨래를 개서 옷장 안에 넣고 있었습니다. 말없이 바라보던 할아버지는 할머니가 옷장 문을 닫고 나가자 옷장 문을 열고 무언가를 열심히 뒤적뒤적 찾기 시작했습니다.

이것을 본 할머니는 저렇게 해놓으면 나중에 치우는 것은 할머니 몫이 되겠다는 생각이 들어 화가 난 목소리로 물었습니다.

"아니, 도대체 뭘 찾으시는데 그러오?"

그러자 할아버지는 빙그레 웃으며 대답했습니다.

"이제야 임자 목소리를 찾았구먼."

할아버지의 지혜로운 화해 요청에 할머니도 따라 웃고 말았습니다.

싸움의 기술을 배우기보다 화해의 기술을 배우는 데 노력해야 할 것 같습니다. 싸움이 장기간으로 가서 사태를 악화시키는 이유는 자존심을 버리지 못하기 때문입니다.

자존심을 버리고 먼저 손을 내밀고 미소를 짓는 것, 그것이 지혜로운 화해의 기술이며, 가정, 직장 그리고 사회의 평화를 위한 지름길이라고 생각합니다.

7 될 성싶은 미래

FOLLOW •••

♥ 0000 likes

#꿈의 그림자를 딛고 일어서라 #내일을 생각하며 #내일의 희망(希望)
#너무 어렵게 살지 말자 #당신은 가난한 사람은 아닌가
#될 성싶은 미래(未來) #레프 톨스토이 인생 10훈(訓)
#반드시 밀물은 오리라 #밝은 마음 #봄 오는 소리
#사람 살아가는 세상(世上) #새로운 시작이다 #새해의 약속은 이렇게
#섬진강 에세이 #푸른 기적(奇跡) #후회하지 않으려면
#희망(希望)을 품자 #희망을 주는 삶 #고향의 밤

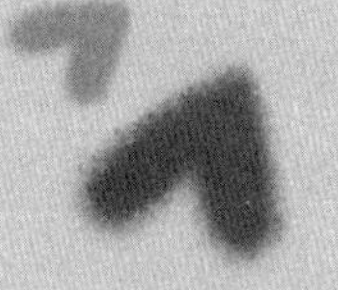

꿈의 그림자를 딛고 일어서라

태양이 그림자를 동반하듯 우리 마음의 태양인 꿈도 늘 장애를 동반한다고 합니다. 꿈이 아름답고 클수록 꿈을 따라다니는 장애 역시 크다고 합니다. 그러니 장애가 올 때 그림자만 보고 지레 겁먹고 도망가지 말아야 합니다.

나에게 다가오는 수많은 역경을 받아드린 사람에게는 미래가 있지만, 피하고 외면하는 이에게는 미래가 없다고 합니다. 장애를 극복하는 과정 없이는 어떤 꿈도 현실로 이루어지기 어렵다는 것이지요.

우리가 어떠한 상황에도 좌절하지 않고 다시 한 번 크고 아름다운 꿈을 위해 일어설 수 있도록 힘을 내야 하는 이유입니다. 장애는 우리의 성장을 돕는 고마운 장치라고 생각합니다.

내 손이 닿는 곳, 발길 머무르는 곳, 내 음성이 메아리치는 곳에 어떠한 고마움이 있고 은혜로움이 피어나고 있는지 아무도 모릅니다. 좋은 말과 행동을 하면 좋은 결과가 일어납니다.

나의 삶을 늪에 빠뜨리는 무모함은 없어야 합니다. 긍정적인 사고로 변화하는 나의 모습이 다른 사람에게 희망을 줄 수 있습니다. 자기(自己) 안의 가능성을 믿고 완전히 실현하는 자립적(自立的)이고, 주체적(主體的)인 삶을 살아가야 합니다.

현실이 아무리 힘들고 어렵더라도 꿈을 향해 달려갑시다. 한 생각을 굳게 지키고, 성실히 열심히 노력하면 반드시 좋은 일이 생깁니다. 늘 밝은 마음으로 힘차게 시작하면 온종일 좋은 일이 생길 겁니다.

늘 행복하세요.

내일을 생각하며

날 기억해줄 사람을 위하여 나의 생각, 나의 사랑 내 모든 걸 이렇게 글로 써갑니다.

내 삶이 보잘것없더라도 내가 죽어서 한 줌의 재가 되더라도, 내가 쓰는 글은 죽지 않을 것이기 때문입니다. 그래서 나의 모든 느낌을 이렇게 육필로 써보려 합니다.

모처럼 편안한 시간을 보내고 있습니다. 경주에서 시설장 연수에 참여하며 작은 생각에 잠겨봅니다. 헛발질 인생. 그래도 살아갈 날이 있음에 잠시 초라해져 있는 나를 발견하더라도 난 슬퍼하지 않으리라 다짐해 봅니다.

지나가 버린 어제와 오늘, 그리고 다가올 내일, 항상 새로운 것에 대해 열려있는 마음과 낯선 것들에 대하여 관대한 태도 그리고 끝없는 호기심으로 새로운 것을 받아 들여야 하겠습니다.

어제 같은 오늘이 아니길 바라며 또한, 오늘 같은 내일이 아니길 바라며, 그저 현실에서 누릴 수 있는 조금의 여유를 바라고 노력해 가겠습니다.

지금은 많이 부족하고 초라할지라도 조금 더 넉넉한 마음으로, 더욱더 노력하며 살아 가리라 마음 먹어봅니다.

모처럼의 여유, 낯선 경주의 새벽 공기는 아직도 차갑게 느껴지네요. 꽃샘추위가 두세 번 지나야 봄기운이 오려나 봅니다. 앞만 보고 너무 바쁘게만 내 달리고 온 것은 아닌지 그렇기에 많은 것을 보지 못하고, 느끼지 못하면서 그냥. 대중 속에 떠밀려 살아온 것은 아닌가 싶습니다.

사람들은 날마다 남모르는 눈물 한방울씩 흘리고 살아갑니다. 그 눈물이 언제 마를지 모릅니다. 그러나 그 눈물로 말미암아 날마다 조금씩 아름다운 사람이 되어 갑니다.

가끔은 높은 하늘을 보며, 눈 시리도록 푸른 바다도 보며, 조금은 여유를 부리며 살아가야겠다고 마음먹어 봅니다. 옛것에 기대어 현재에 안주하는 마음을 경계하겠습니다.

아직도 더 흘릴 눈물이 있기에 내일의 희망을 생각합니다.

그래서 오늘도 포기하지 않고 희망을 찾으려 합니다.

그냥. 이렇게 넉넉한 마음으로 웃음 지으며 터벅터벅 나의 길을 걸어가리라 마음먹어 봅니다.

내일의 희망(希望)

오랫동안 꿈을 그리는 사람은 마침내 그 꿈을 닮아간다고 합니다. 사람은 축복으로 태어났으며 각자 해야 할 일이 있고, 그것을 사명감이나 오늘을 살아가는 존재 이유가 되기도 합니다.

자신의 의지와 노력으로 희망의 삶을 살아갈 수 있다는 것은, 아름다운 삶을 살아가는 것입니다.

우리가 어떤 사회를 만들어가기 위해서는 문제를 묻고 해답을 찾아 나가야 합니다. 나(Me)의 행복과 함께, 우리(We)의 행복을 가꿔가야 합니다.

우리에게도 밝은 내일이 있습니다. 그러나 그 내일은 우리가 만들어 가는 것이라고 생각합니다. 우리가 어떤 씨앗을 뿌리느냐에 달려 있다는 생각이 듭니다.

최고의 인생을 살아가는 비결은 '하루하루를 내 인생의 마지막 날인 것처럼 살아라.', 마루쿠스 아우렐리우스(Marus

Aurelius)의 명언처럼 후회하고 다시 후회하여도 시기와 질투는 칼과 같아 마음 다짐은 늘 바르게 하며 살아가겠습니다.

사람을 만나는 것이 희망이 되기 위해서는 자신의 욕심을 버리고, 우리의 마음으로 집중하는 것이 필요합니다.

몸을 해하고, 욕심은 불과 같아 욕망을 태우며, 욕망이 지나치면 심신(心身)이 모두 상하게 됩니다.

늘 마음을 다스리며 깨우치고 넘어져도 다시 일어나 또 다른 희망을 찾고, 마음에 넉넉한 여유를 축적하며 살아가야 합니다.

모든 일에 넘침은 모자람만 못하고, 억지로 잘난 척하는 것은 아니함만 못하다고 합니다.

어제는 추억이고, 오늘은 도전(挑戰)이며, 내일은 희망(希望)입니다. 도전과 희망은 '긍정의 힘'이며, 희망과 사랑의 마음에 노크합니다. 시간은 '글쎄'도 '설마'도 없습니다. 절대 안 갈 것 같은 시간도 가고, 절대 안 올 것 같은 시간도 옵니다. 세상을 살아가면서 연민과 분노만으로 변화시킬 수는 없음을 알기에 철저한 자기 쇄신(刷新)과 혁신(革新)을 통해 새로운 변화(變化)를 일궈 나가겠습니다.

후회하기를 변명 삼아 하지 않으며, 사람을 대할 때, 늘. 진실이라 믿어야 하고 절대 간사한 웃음을 흘리지 않아야 한다고 생각합니다.

오늘을 반성하면 내일은 희망입니다. 꿈을 끝까지 포기하지 않고 노력하면 누구나 꿈에 가까이 갈 수가 있습니다.

오늘은 청명한 가을 날씨가 이어지네요. 밤낮의 기온 변화가 심하니, 건강관리 잘하시며 오늘도 행복한 하루 보내세요.

너무 어렵게 살지 말자

세상이 너무 힘들게 느껴질 때는 본인이 생각하는 기대치와 현실의 차이가 크기 때문이라고 생각합니다.

세상을 너무 어렵게 이야기하며 살아가기 때문에 '자포자기(自暴自棄)'하기도 하지요. 그러나 가시적인 대상을 두고 좀 더 쉽게 다다를 수 있는 목표치를 정하면 어떨까요?

인생은 '고통(苦痛)과 인내(忍耐)' 또 다른 '선택'의 연속입니다. 고통은 인생을 성숙하게 하고 겸허하게 자신을 비우게 합니다. 고통의 체험이 없는 사람은 마음속에 무엇인가를 채울 수 있는 아량과 깊이가 부족하기 마련입니다.

그냥 주어진 삶을 터벅터벅 걸어가는 것이라 생각합니다. '힘들면 힘들다고, 보고 싶으면 보고 싶다고, 미워지면 밉다고, 사랑하면 사랑한다.'라고 있는 그대로 이야기하며 살아가면 어떨까요?

희망이 없이 사는 불우한 일을 피하는 방법은 희망의 대상은 만들어 가는 것입니다. 또 너무 어렵게 셈하며 살아가지 않아도 됩니다. 그냥 계산 없이 주고, 마음에서 시킨 대로만 주고 살아가면 됩니다.

흐르는 물은 다가오는 물을 거역하지 않고 어느 곳에서 오는지 묻지도 따지지도 않는다고 합니다. 그냥 바라보며 '이해와 포용'으로 다 보듬어 갑니다.

누구에게나 인생은 한 짐인 것 같습니다. 재물이 부자이면 걱정이 한 짐이고, 마음이 부자이면 행복이 한 짐이라고 합니다. 힘들게 느껴질 때 좀 더 유연하게 살아가는 지혜가 필요하지 않을까요.

오후부터는 차가운 가을비가 온다고 하네요. 환절기 차가운 날씨에 건강관리 잘하시며, 여유를 가지고 가을의 끝자락을 즐기시기 바랍니다.

당신은 가난한 사람은 아닌가

창업으로 성공하고자 하는 사람들의 롤 모델인 알리바바의 창업자 마윈(Ma Yun) 회장은 세상에서 가장 같이 일하기 힘든 사람이 가난한 사람이라고 했답니다.

자유를 주면 함정이라고 얘기하고, 작은 비즈니스를 주면 돈을 별로 못 번다고, 큰 비즈니스를 주면 돈이 없다고 한답니다.

새로운 것을 시도하자고 하면 경험이 없다고 하고, 전통 비즈니스를 하자고 하면 어렵다고, 새로운 비즈니스 모델을 제시하면 다단계라고 한답니다.

상점을 같이 운영하자고 하면 자유가 없다고 하고, 새로운 사업을 시작하자면 전문가가 없다고 한답니다.

그들의 공통점은 구글이나 포털에서 물어보기를 좋아하고,

희망이 없는 친구들에게 의견 듣기를 좋아하고, 그러면서 구멍가게보다 더 작은 일을 한다고 합니다.

그의 결론은 '당신의 심장이 빨리 뛰는 것처럼 행동을 빨리하고 그것에 대해서 생각해 보는 대신 무엇인가를 그냥 하라.'라고 합니다.

'그렇다면 우리는 지금 어떠한가,
당신은 가난한 사람은 아닌가,
과연 우리의 인생은 기다리다가 이렇게 끝을 낼 수 있지 않은가.'

마윈 회장은 우리가 부족한 것은 '돈이 아니라 ' '뜻과 꿈' '열정'이라고 꾸짖고 있습니다.

새봄이 꿈틀거리고 있습니다.
새 기운 머금고 더 멋진 삶을 설계해 보세요.
행복하고 즐거운 주말 보내세요.

될 성싶은 미래(未來)

옛날 어른들은 '될 성싶은 나무는 떡잎부터 알아본다.'라고 말씀하더라고요. 아이들의 모습을 보고 커서 장차 어떤 인물이 될지를 예견해 보는 마음이 담겨 있는 것 같습니다. 장차 큰일을 할 사람은 어려서부터 무엇인가 달라도 다르다는 뜻을 내포하고 있습니다.

그러나 어려서부터 싹수없던 사람이 큰 인물이 될 수도 있고, 촉망받던 젊은이가 커서 형편없는 인물로 타락할 수도 있습니다.

우리들의 각자는 어느 경우에 해당될까요. 설령 지금은 형편없이 타락한 삶을 살든, 자랑스러운 삶을 살든, 보통 인생을 살든, 그것은 현재의 운명일 뿐 미래의 결정된 운명은 아니라고 생각합니다.

우리 미래의 결정된 모습은 아니라는 것이지요. 그렇기 때문에 우리는 희망을 갖고 노력하여서 살아가야 하는 이유가 되는 것입니다.

어떠한 시련과 아픔에도 잘 견뎌냄으로써 그 어떤 태풍과 비바람 속에서도 꿋꿋이 서 있을 수 있는 뿌리 깊은 나무가 되어야 합니다. 운명이 결정되어 있는 것이 아니라 지금 자신이 만들어 가는 것입니다.

'신 에게는 아직 12척의 배가 남아 있습니다.'

이순신 장군이 끝까지 포기하지 않고 불가능하리라는 전황을 극복하고 승리할 수 있었던 것처럼 상황 전환이 가능합니다.

요즘 많이들 힘들다고 아우성칩니다.

미래의 희망을 볼 수 없다고도 합니다.

자포자기해 버리고 싶다고도 합니다.

그러나 포기할 수 없습니다. 아직 끝나지 않는 우리의 '될 성 싶은 희망'이 있기 때문입니다.

그리운 내 집, 5일 만에 집에서 잠을 푹 잤네요. 직업군인 아들이 발목을 다쳐 서울대병원에서 수술하고 일반병원으로 전원 시켜놓고 내려왔습니다. 사랑하는 아들의 쾌유와 건승을 기원해 봅니다.

레프 톨스토이 인생10훈(訓)

러시아 출신 철학자이자 사상가인 레프 톨스토이의 '인생 10훈'을 정리해 봅니다. 이것은 시간을 어떻게 활용할 것인가 하는 것이 중요한 요인이 되는 것 같습니다.

일상생활에서 일하기 위해 시간을 내면 그것은 성공의 대가가 되고, 생각하기 위해 시간을 투자하면 그것은 능력의 근원이 된다고 합니다.

우리가 운동하기 위해 시간을 내면 그것은 끊임없이 젊음을 유지하는 비결이 됩니다.

독서하기 위해 시간을 내면 그것은 지혜의 원천이 되고, 친절하기 위해 시간을 내면 그것은 행복으로 가는 지름길이 되는 것입니다.

꿈을 꾸기 위해 시간을 내면 그것은 대망을 품는 희망이 될 것이고, 사랑하고 사랑받는데 시간을 내면 그것은 구원받은 자의 특권이 된다고 합니다. 주위를 살펴보는데 시간을 내십시오. 이기적으로 살기에는 너무 짧은 인생입니다.

웃기 위해 시간을 내면 그것은 영혼의 음악이 되고, 기도하기 위해 시간을 내면 그것은 인생의 영원한 투자가 된다고 합니다. 즉 행동하면 그것은 우리의 삶이 되고, 운명(運命)이 된다는 것이지요.

지금 할일을 나중으로 미루다 보면 해야 할 일을 잊어버리게 됩니다. 해야 할 일, 하고 싶은 일이 있으면 지금 바로 행동하라고 말하고 있습니다. 이것이 우리가 인생을 지배하고 다스리는 법칙입니다.

레프 톨스토이의 이 세상에서 가장 소중한 것 3가지 질문 중에서,

가장 중요한 시간은 '지금, 이 순간'이고,

가장 중요한 사람은 '지금, 함께하고 있는 사람'이고,

가장 중요한 일은 '지금, 함께하고 있는 사람을 위해 유익한 일'을 하는 것이라고 하였습니다.

우리가 태어나서 죽음에 이르는 삶은 아침에 일어나서 저녁에 잠자리에 드는 하루의 일과와 같다고 했습니다. 지금, 이 순간이 모여서 우리의 인생이 되고, 이 순간 최선을 다하면 우리의 인생은 후회하지 않는 최고의 삶을 살아갈 수 있다는 것입니다.

한 페이지가 모여 한 권의 책이 되듯이 하루하루가 모여 우리의 인생이 됩니다. 지금, 이 순간 오늘이 우리의 행복이라고 생각됩니다.

반드시 밀물은 오리라

미국의 강철왕 카네기는 젊은 시절 세일즈맨으로 이집 저집을 방문하며 물건을 팔러 다녔다고 합니다.

어느 날 한 노인 댁을 방문하게 되었는데 그 집을 들어서자마자 카네기를 완전히 압도해버린 것이 있었습니다.

그것은 그 집 벽 한가운데 걸린 그림이었습니다.
그 그림은 황량해 보이기까지 한, 쓸쓸한 해변에 초라한 나룻배 한 척과 낡아 빠진 노가 썰물에 밀려 흰 백사장에 제멋대로 널려있는 그림이었습니다.

그 그림 하단에는 '반드시 밀물은 오리라. 그날 나는 바다로 나가리라.'라는 짧은 글귀가 적혀 있었습니다.

카네기는 그림과 글귀에 크게 감명을 받았고 집에 돌아와서도 그 그림으로 인하여 잠을 이룰 수 없었다고 합니다. 그래서 다시 그 노인 댁에 찾아가 부탁하기를 세상을 떠나실 때는 그 그림을 자신에게 꼭 달라고 간곡히 부탁하였습니다.

그의 간절한 부탁은 받아들여져 결국 그 노인은 그 그림을 카네기에게 주었고 카네기는 사무실 한가운데에 그 그림을 평생 걸어 놓았다고 합니다.

'물들어올 때 배 띄워라!'

낡아빠진 나룻배가 밀물이 들어 오기를 기다리는 모습에서 희망의 끈을 놓지 않았습니다.

'반드시 밀물은 오리라'는 메시지와 함께 그 그림은 카네기의 일생을 좌우한 굳건한 신조가 되었다는 것입니다.

아무리 힘들고 어려운 일이 있더라도 포기하지 말고, 희망을 갖고 끝까지 노력하며 살아가야 한다는 교훈을 던져 주는 것 같습니다.

'칠흑 같은 밤이 지나면 내일은 해가 뜬다.'

밝은 마음

우리 안에는 밝은 마음. 넓은 마음. 즉 양심(良心)을 지니고 있습니다. 사람이 가지는 그 모든 약점, 사람이 행한 그 모든 패악에도 불구하고 그래도 사람이 희망인 까닭은 모든 사람에게 양심이 있기 때문이 아닌가 생각됩니다.

양심은 그 무엇으로도 가릴 수 없고, 외면할 수도 없는 우리 내면의 밝은 빛이자 완전한 앎이라고 합니다.

양심이 있기 때문에 우리가 잘 못 했을 때 그 잘못을 알고, 균형을 잃었을 때 그 균형을 잃었음을 알고, 좀 더 나은 바름과 균형을 찾아갈 수 있다고 생각합니다.

지혜로운 사람은 누구를 의지하고 믿는 것이 아니라, 자신의 양심을 밝혀 그 양심에 따라 판단하고 선택하며 행동한다고 생각합니다.

밝은 양심을 의지할 때 우리는 홀로 청정하고 밝아서 그 무엇에도 의지할 필요가 없습니다.

자기 안의 양심의 힘을 모를 때 우리는 태양 빛 속에 있으면서도 태양 빛을 그리워하며, 반딧불을 찾아 헤매는 어리석음을 범하게 된다고 합니다.

우리 인간은 태어날 때부터 '이성(理性)과 양심(良心)'을 부여받았으며 어떠한 이유로도 그 자유와 권리를 침해받아서는 안 된다고 생각합니다.

양심은 세상에 모든 것을 비추어 진실을 드러내게 하는 밝은 것 가운데서도 가장 밝은 것이라고 합니다.

우리 모두에게 양심이 있고, 내가 양심을 따르는 것처럼 다른 사람도 양심을 따를 것이란 믿음이 있을 때, 진정한 인간의 가치와 존엄이 실현될 수 있다고 합니다.

오늘은 맑지만, 기온이 떨어져 낮은 날씨가 이어진다고 합니다. 밝은 마음으로 새해 계획 잘 세우셔서 편안하고 행복한 나날 만들어 가시길 바랍니다.

봄 오는 소리

광양의 들녘에는 홍백색 매화가 흐드러지게 피었고, 백운산 계곡에는 바람난 처녀치마 얼레지, 복수초, 노루귀꽃 야생화가 다소곳이 피었습니다.

'섬진강의 봄'은 진안 팔공산 데미샘의 고드름을 깨고, 계곡을 따라 맑은 섬진강물을 흐르고 매화, 산수유화, 배꽃 꽃망울을 터트리며 자신의 존재를 알리려고 달려오고 있습니다.

변덕스러운 날씨에도 어김없이 춘하추동(春夏秋冬) 사계절은 오고 가는데 우리의 인생은 한 번 가면 돌아올 길 없습니다.

얼어 있던 땅이 녹으니 농군들 마음은 손길보다 바쁘고, 트랙터 땅 갈아엎는 소리가 농촌의 들녘에 고요함을 깨트리고 있습니다.

흐드러지게 피어있는 섬진강 변 매화는 목련꽃, 벚꽃, 진달래 꽃에 자리를 양보하고 푸른 옷으로 갈아입을 채비를 합니다.

화려한 꽃처럼 농군들의 허리 펼 수 있는 날은 언제쯤일까. 농촌의 살림살이는 빚을 내서 빚을 갚는 악순환의 고리, 고달픈 농촌 생활은 선량한 촌로들의 서글픈 삶은 언제나 끝날 것인가.

봄볕의 간지러운 따뜻한 햇볕, 섬진강 변의 개나리, 진달래, 벚꽃 가지에 그렁그렁 탐스러운 꽃망울 하나둘 부풀어 오르는데 '춘래춘불래춘(春來春不來春)', 봄은 왔으나 농군의 마음에는 고드름이 주렁주렁 달렸습니다.

광양의 화사한 봄날은 저만치 오고 있는가?

사람 살아가는 세상(世上)

사람들은 가슴에 남모르는 불빛 하나 안고 살아가고 있습니다. 그 불빛이 언제까지 환하게 빛날지 아무도 모릅니다. 그러나 그는 그 불씨로 말미암아 언제나 밝은 얼굴로 살아가는 사람이 됩니다.

사람들은 가슴에 남모르는 눈물 한 방울씩을 날마다 흘리며 살아가고 있습니다. 그 눈물이 언제 마를지 아무도 모릅니다. 그러나 그 눈물로 말미암아 날마다 조금씩 아름다운 사람이 됩니다.

사람들은 가슴에 꼭 용서받아야 할 일 한 가지씩 숨기고 살아가고 있습니다. 그 용서가 어떤 것인지 아무도 모릅니다. 그러나 그는 날마다 용서를 구하다가 어느새 모든 것을 용서하는 사람이 됩니다.

사람들은 가슴에 꼭 하고 싶은 말 하나씩 숨기고 살아가고 있습니다. 그 말이 어떤 말인지 아무도 모릅니다. 그러나 그는 숨기고 있는 그 말을 통해서 하고 싶은 말을 아름답게 하는 사람이 됩니다.

사람들은 가슴에 남모르는 미움 하나씩 품고 살아가고 있습니다. 그 미움이 어떤 것인지 아무도 모릅니다. 그러나 그는 그 미움을 삭여 내다가 결국은 모두를 사랑하는 사람이 됩니다.

그리고 사람 살아가는 세상에는 '정직하고 성실하게 살아가는 사람이 대접받고, 가난한 사람과 가진 사람이 더불어 살아가고, 도시와 농어촌이 조화를 이루고, 좋은 일자리가 넘쳐나는 인정이 넘치고 사람 냄새가 나는, 모두가 행복해하는 맑은 사회였으면 합니다.

그리고 우리는 말입니다.

사람들은 가슴에 남모르는 희망의 씨 하나씩 소중하게 묻고 살아가고 있습니다. 그 희망이 언제 싹틀지 아무도 모릅니다. 그러나 그는 희망의 싹이 트기를 기다리다가 아름다운 삶의 열매를 맺는 사람이 되어 갑니다.

-인터넷 좋은글-

사단칠정(四端七情)의 희로애락애오욕(喜露哀樂愛惡欲) 기쁨, 노여움, 슬픔, 즐거움, 사랑, 미움, 욕심 등의 '갈등과 번뇌' 속에 살아가게 됩니다.

우리가 살아가면서 본성적으로 우러나오는 마음씨는 선천적

이고 도덕적 능력을 갖추고 있으며 그 본성이 사물을 접하면서 느끼고 표현되는 자연적 감정을 갖게 되는 것 같습니다.

물질적인 가치가 사람 평가의 척도가 아니라. 참된 진리, 인성, 본성 등의 본 마음의 가치가 존중되는 사람사는 세상이 되었으면 합니다.

사람 냄새나는 세상, '사람 살아가는 세상'을 꿈꾸어 봅니다.

새로운 시작이다

‘닭의 목을 비틀어도 새벽은 온다.’라는 말이 있습니다. 이 뜻은 아무리 강압적인 독재정권의 탄압에도 민주화는 반드시 온다는 의미로 많이 써 왔습니다.

어젯밤의 어둠이 아무리 캄캄해도 오늘의 태양이 떠오르는 것을 막지 못한다는 것처럼 말이지요.

새해에 찬란히 떠오르는 해의 모습을 보았습니다.

오늘의 새로운 태양은 어제의 묵은 어둠을 밀어내며, 새벽을 여는 모습은 그 무엇보다 강력한 희망의 메시지를 보여 주었습니다.

태양과 지구가 생긴 이래 단 하루도 거르지 않고 계속된 우주의 경건한 의식과 함께 우리는 하루하루의 시작을 열었습니다.

일출과 일몰 사이, 오늘과 내일, 올해와 내년 사이 우리는 모두 거역할 수 없는 시간의 흐름 속에서 자연의 존엄함을 배웠고, 오늘도 위대한 삶을 살아가고 있습니다.

우리가 매년 마지막 일몰을 보며 한 해를 보내고, 신년 새해 해돋이를 보며 희망을 기원하고, 자연의 순리를 배워왔던 일상처럼 말입니다.

눈으로는 내일을 보고, 발은 오늘을 딛고, 인생의 의미를 찾아 터벅터벅 걸어가야 합니다.

오늘 하루는 어제의 반복이 아니라고 합니다. 오늘은 어제의 후회나 안타까움, 슬픔이나 좌절이 결코 아니라. 침범할 수 없는 내가 새롭게 희망을 창조할 수 있는 신성한 시간의 연속입니다.

오늘은 또 새로운 날입니다. 춥지만 맑은 날씨가 예상되네요.

건강관리 잘하시며, 새해. 행복감 넘치는 나날 만들어 가시길 기원합니다.

새해의 약속은 이렇게

희망찬 새해를 맞이하는 약속은 이렇게 시작하고자 합니다. '먼저 웃고, 먼저 사랑하고, 먼저 감사하자.' 안팎으로 힘든 일이 많아 웃기 힘든 날들이지만, 내가 먼저 웃을 수 있도록 웃는 연습부터 해야겠네요.

우울하고 시무룩한 표정을 한 이들에게도 환한 웃음꽃을 피울 수 있도록 밝은 마음 지니도록 애쓰겠습니다.

때때로 성격과 견해 차이로 쉽게 이해되지 않는 일들도, 사소한 오해로 사이가 서먹해진 이들에게도 내가 먼저 다가가 인사하렵니다.

사랑은 늘 움직이는 것이라 했습니다. 우두커니 앉아서 기다리기만 하는 것이 아니라 먼저 다가가는 노력의 열매가 사랑이라고 생각됩니다.

상대가 나에게 잘해주기를 바라는 것보다 내가 먼저 다가서는 겸손한 용기가 사랑임을 실천하겠습니다.

차 한 잔으로, 좋은 책으로, 짧은 글로, 소박한 대화로 내가 먼저 마음 문을 열면서 다가가면 나를 멀리했던 이들조차 좋은 벗이 될 수 있으니까요.

습관적인 불평의 말이 나오려 할 땐 의식적으로 고마운 일부터 챙겨보는 성실함을 잃지 않으렵니다. 평범한 삶에서 우러나오는 감사의 마음이야말로 삶을 아름답고 풍요롭게 가꾸어 주는 소중한 밑거름이 될 테니까요.

감사는 나를 잘살게 해주는 힘, 감사를 많이 할수록 행복도 커진다는 걸 모르지 않기에 감사를 소홀히 하지 않으려고 다짐합니다.

해 아래 사는 이들의 기쁨으로 다시 새해를 맞으며 새롭게 다짐했으면 합니다. '먼저 웃고 먼저 사랑하고, 먼저 감사하자.' 그러면 나의 삶은 평범하지만, 진주처럼 영롱한 한 편의 시(詩)가 될 것이라 믿기 때문입니다.

오늘도 칼바람 불어 매서운 추위가 맹위를 떨친다고 하네요. 맹추위에 잘 대비하시기 바랍니다. 매사에 감사하는 마음으로 즐겁고 행복한 나날 만들어 가시길 바랍니다.

섬진강 에세이 |

섬진강의 원천 데미샘에서 나는 정처 없는 여정을 시작한다.

옹달샘 넘어 실개천 따라 시냇물 타고 섬진강에 도달한다. 돌부리에 채고 풀뿌리 벗 삼아 논과 밭 헤치며 광양만을 지나 태평양으로 가리라.

팔공산 자락에서 지리산, 백운산 골짜기에서 품어내는 시린 폭포수 보듬고 넓은 곳으로 먼 항해를 거듭하리라.

은어회, 쏘가리회, 재첩회, 참게탕에 소주 한 잔 기울이며 정겨운 사람들과 어깨동무 하면서 흘러간 뽕짝을 불러대리라.

수렁에 갇히기도 했고, 햇살의 타는 목마름으로 구정물 덮어쓰고 흙탕물 보듬으며 썩은 유혹을 뿌리치고 대양을 향해 줄기차게 정진하리라.

섬진강 줄기 550리길 유유히 흐르는 시간 속에 역경의 어려움을 환희의 기쁨으로 역사 속에 또 이렇게 흘러가리라.

바다는 빈손으로 왔다고 노여워하지 않으니 다만 고요히 붉은 노을과 노닐며 그렇게 가리라.

나는 바다의 색깔을 닮아 가리라.

그렇게 푸르게 살다가 '모두 고맙다.' 인사를 남기고 나는 그렇게 떠나가리라.

푸른 기적(寄跡)

사막은 사람을 푸르게 한다고 합니다.

> 풀 한 포기 없는 사막에선 사람 스스로 푸르더라, 두려워 마라.
> 그대가 지금 황량한 사막에 홀로 서 있어도,
> 온 세상을 푸르게 할 수 있는 주인공이 된다.
> -허허당의 『바람에게 길을 물으니 네 멋대로 가라 한다』 중에서-

꿈과 희망을 색깔로 치면 어떤 색일까요?

어쩌면 틀림없이 푸른색이 아닐까 생각됩니다.

그 어떤 황량한 곳에서도 꿈과 희망을 잃지 않으면 푸르게 빛날 수 있으니까요.

한 그루의 푸른 나무가 사막 전체를 푸르게 할 수 있고, 우리가 노력한다면 '푸른 기적'을 일으킬 수 있습니다.

우리 서로 보듬으며 기적을 일으키는 푸른 나무로 살아갈 수 있었으면 좋겠습니다. 그렇게 힘들게 했던 폭염도 이제는 시간의 무게에 꼬리를 내리고 조석으로 시원한 바람이 불어오네요.

가을이 저만치서 뚜벅뚜벅 걸어오고 있습니다.

계절이 바뀌는 시점에 건강이 나빠지는 경우가 많은 것 같습니다. 환절기가 되면 우리 어르신 많이 힘들어하십니다.

우리 몸이 새로운 환경에 적응해가는 과정이 아닌가 생각되기는 하지만 늘 환절기가 되면 어르신들이 많이 돌아가시고 아프기 때문에 걱정이 됩니다.

건강 잘 챙기시며, 오늘도 좋은 하루되시기를 기원 합니다.

후회하지 않으려면

우리가 삶을 살면서 후회거리보다 추억거리를 많이 만들어 가야 합니다. 그러기 위해서는 화날 때 말을 많이 하지 말아야 한답니다. 말을 많이 하면 대개 후회거리가 생기고 그때 잘 참으면 추억거리가 된다고 합니다.

우리가 살면서 고통스러운 순간이 닥친다 해도 좌절하거나 낙심하지 말아야 합니다. 그 이유는 즐거움과 기쁨보다도 고통에 더 깊은 인생의 의미가 있기 때문입니다.

즐거움은 그 순간만 지나면 잊히지만, 고통은 우리의 마음속 깊숙이 상처를 남기게 되고, 그로 인해 많은 것을 배우고 깨닫게 하는 계기가 되기 때문입니다.

감정이 격할 때는 한걸음 물러서서 치밀어 오르는 화를 일단 참아야 합니다. 또한 '그럴만한 사정이 있겠지.'라고 생각하고 억지로라도 역지사지(易地思之), 상대방의 입장에 서 보십시오.

뭔가 그럴만한 사정이 있어서 그랬을 거라고 생각하고, 함부로 말하거나 행동하지 않는다면 실수하거나 후회할 일이 덜 생기게 될 것입니다.

내가 옳고 네가 틀린 것이 아니라 나와 다른 생각을 하고 있다는 것으로 인정하고 다름을 받아들이는 것입니다.

불길이 너무 강하면 정작 익어야 할 고구마는 익지 않고, 그 고구마마저 태워버려 먹을 수 없는 것처럼 화를 삼킬 수 있어야 한답니다.

'말하기를 더디 하고 듣기는 속히 하라.'라는 교훈처럼 화가 날 때 우리의 생각과 말을 성능 좋은 브레이크를 꽉 밟으시고 천천히 브레이크에서 발을 뗀다면 무리 없는 인생을 살아갈 수 있을 것 같습니다.

화를 다스리는 화요일, 올해 들어서 최고의 한파로 기온이 너무 차갑습니다.

추운 날씨 건강관리 잘하시며 행복감 넘치는 나날 보내시길 바랍니다.

희망(希望)을 품자

우리가 살아가면서 희망이란 본래 있다고 할 수도 있고, 없다고도 할 수 있습니다. 그것은 마치 땅 위의 길과 같은 것이라고 생각합니다.

본래 땅 위에는 길이 없었습니다.

한 사람이 먼저 가고 그곳을 걸어가는 사람이 많아지면, 그것이 곧 길이 되는 것입니다.

그렇습니다.

희망은 처음부터 있었던 것이 아닙니다.

아무것도 없는 곳에서도 생겨나는 것이 희망입니다.

'저 밝아오는 아침 어딘가에 기적이 숨어 있습니다. 새로운 하루, 새로운 시도, 또 한 번의 출발이야말로 얼마나 큰기쁨인가'

-조지프 프리스틀리(Joseph Priestley)-

희망은 희망을 품은 사람에게만 존재하는 것이라고 합니다.

희망이 있다고 믿는 사람에게는 희망이 있고, 희망 같은 것은 없다고 생각하는 사람에게는 실제로 희망은 없다고 합니다.

긍정적인 사고를 갖고 환경에 굴함이 없이 간직한 꿈을 향하여 부단히 노력하는 사람은 앞으로 나갈 수 있습니다. 때때로 그 길에서 지쳐 멈춰 서기도 하겠지만, 그 길이 올바른 길이라면 절대 물러서지 않는 의지로 또다시 걸음을 떼어 놓을 수 있는 용기가 필요합니다.

'신념은 산을 움직인다.'고 합니다. 자신에게 무한한 힘을 공급하고 소망하는 것을 실현시켜 줍니다. '믿음과 신념'이 쌓이게 되면 그것이 행동으로 이어지는 법칙이 되기도 합니다.

우리가 어떤 희망을 품고 있는가가 중요합니다. 그것이 우리의 꿈을 실현시켜 줍니다.

무엇인가 강력히 소망하며, 그것을 위해 끊임없이 노력하면 반드시 기적은 이루어진다는 것이지요.

우리가 살아감에 있어 희망도 절망도 다 마음속에 있으니, 오늘 희망 충만한 하루 보내시기 바랍니다.

도전, 시도, 그리고 파이팅 입니다.

희망을 주는 삶

넬슨 만델라(Nelson R. Mandela) 대통령은 '무엇을 가지고 태어났느냐가 아니고, 자기가 가진 것으로 무엇을 이뤄내느냐가 삶의 차이를 만든다.'라고 하였습니다.

이는 우리에게 뜨거운 에너지가 솟아오르게 하며, 삶의 용기(勇氣)와 희망(希望)을 주는 말입니다.

우리의 인생은 완료형이 아니라 진행형이며, 완성을 향해 나아가고 있는 하나의 미완성 작품입니다.

인생은 자고 쉬는 데 있는 것이 아니라, 한걸음 걸어 나가는 데 있다는 것을 말하고 있습니다.

인생을 살아가는 데는 용기가 필요합니다.

자기 삶에 용기를 발휘하느냐 못하느냐에 따라 자신의 운명은 바뀌게 됩니다. 삶의 의지는 운명을 바꿀 수 있습니다.

인간이 인간다워지는 힘은 그 재능이나 이해력에 있는 것이 아니라 실천력에 있으며, 실천력이 바로 그 사람의 운명을 결정합니다.

제아무리 재능이 뛰어나고 이해력이 풍부하더라도 실천력이 없다면 아무런 효과를 거둘 수 없는 것이지요.

인생을 즐긴다는 것은 고난 속에서도 좌절하지 않고 포기하지 않으며 힘을 내어 다시 도전하는 용기라고 생각합니다.

사는 것이 힘들 때도 종종 있습니다.

그럴 때면 왜 나 혼자 이런 시련을 겪어야 하는가 하고 생각하게 될 때도 있습니다.

그러나 잠시 뒤를 돌아보면, 우리는 참 많은 시련을 잘 이겨왔습니다. 처음 우리가 세상을 볼 때를 기억하는 이는 아무도 없을 겁니다. 그러나 우리는 그렇게 큰 고통을 이기고 세상에 힘차게 나왔습니다.

위기에 굴하지 않는 극복해 가는 뚝심은, 오늘을 살아가는 우리에게 가장 중요한 덕목(德目)으로 생각됩니다.

빠른 시대의 변화에 어떻게 적응하고, 그 위기를 어떻게 헤쳐가느냐가 리더의 능력이고 그 지혜와 정신력이 가장 중요한 덕목이 된다는 것입니다.

그러나 강한 정신력을 유지하기란 쉽지 않습니다.

괴로운 현실을 마주할 용기가 필요하고, 지금 당장 눈에 보이지 않지만, 어딘가 해결방법이 있다는 믿음이 필요하고, 절망적인 상황에서도 꾸준히 밀어붙일 끈기가 있어야 합니다.

'희망을 품고 가는 용기'가 필요하다는 것이지요.

이곳 광양에는 새로운 희망을 품게 하는 봄기운이 완연합니다.

새봄이 오는 시절, 환절기 건강관리 잘하시며 행복한 주말 보내시기 바랍니다.

고향의 밤

'휘황월 야삼경의'에 고향의 하늘에는 반달과 별무리가 오누이 되어 외로움을 달래고 있네요.

서울에 있는 출판사에서 그간에 올렸던 글을 모아서 책으로 엮어 보자는 제안이 왔습니다. 여러 가지 미숙한 부분이 많은데 책으로 낸다는 것이 조심스럽습니다.

마음은 싱숭생숭하여 잠은 안 올 것 같고 땀이나 좀 흘리고 오자 싶어서 트레이닝 차림으로 밤 운동을 나왔습니다.

나의 헛기침 소리에 건넛집 개가 도둑 왔다고 짖어 대니, 온 동네 개들이 합창을 하며 고요함을 깨웁니다.

못자리 논에는 짝짓기 하는 개구리 소리, 봇도랑 물 내려가는 소리가 뒤엉켜 요란을 떨고 있네요.

드문드문 가로등 불빛이 처량하게 비치고 전봇대들은 외로움을 달래려고 서로 손잡고 줄타기하고 있네요.

나의 고향 요란한 신장로, 어린아이들 뛰어놀던 동네 어귀에는 들고양이들의 놀이터가 되었고, 아기 울음소리, 청년의 웃음

소리는 떠난 지 오래되어 희망의 목소리가 들리지 않네요.

그렇게 정답던 고향 마을에는 나날이 빈집만 늘어가고 집집마다 홀로 계신 어른들이 외로이 집을 지키고 있습니다.

텃밭이고 논밭에는 손길이 닿지 않아 잡초만 무성히 커가고 있고요.

농촌의 암담한 현실인 '도시화, 산업화, 핵가족화', '저출산 고령화 사회'의 그늘진 얼굴에는 언제나 희망의 햇볕이 들 것인지, 우리의 고향은 이렇게 사라져 가는 것은 아닌가 싶어 안타까움만 커져갑니다.

옛날처럼 동네 어귀에 아이들 웃음소리 요란하고, 친구들 시끌벅적 떠들던 그때 그 시절을 한없이 그리워집니다.

때로는 외롭고, 적적하고, 슬퍼도…

못난 소나무 이철재는 고향을 지켜 갑니다.